PARAMAHANSZA JÓGANANDA
(1893–1952)

A vallás tudománya

Paramahansza Jógananda

Előszó: Dr. Douglas Ainslie

Self-Realization Fellowship
FOUNDED 1920 BY PARAMAHANSA YOGANANDA

A KÖNYVRŐL: Paramahansza Jógananda legkorábbi, nyomtatásban megjelent műve, *A vallás tudománya* különleges helyet foglal el a Self-Realization Fellowship könyvtárában őrzött könyvei és felvételei között. A könyv Srí Jógananda első amerikai beszédének bővített változata – azé a történelmi jelentőségű beszédé, amelyben először mutatta be tanításait a nyugati világ előtt. Beszédét, amelyet 1920-ban, egy vallási vezetők számára szervezett nemzetközi kongresszuson tartott Bostonban, lelkesen fogadták a résztvevők – és a nagyközönség is, akiknek egy vékony könyvecske formájában tették hozzáférhetővé. Srí Jógananda 1924-ben elérte, hogy a társasága kihozzon egy új, javított és bővített kiadást; a könyvet azóta folyamatosan utánnyomják. A kiemelkedő brit államférfi és filozófus, Douglas Grant Duff Ainslie előszava 1928 óta olvasható az azóta megjelent összes kiadás elején.

Az eredeti, angol nyelvű *The Science of Religion* kiadója a
Self-Realization Fellowship, Los Angeles (Kalifornia)

ISBN-13: 978-0-87612-005-7

Magyarra fordította a Self-Realization Fellowship

A Self-Realization Fellowship Nemzetközi
Publikációs Bizottságának engedélyével

A magyar kötet első kiadása: 2021
First edition in Hungarian, 2021

Nyomtatás 2021
This printing 2021

ISBN-13: 978-0-87612-912-8

1234-J06745

Paramahansza Jógananda
Spirituális Öröksége

Összes írása, előadása és nem hivatalos beszéde

„A Paramahansza Jógananda által 1920-ban alapított Self-Realization Fellowship[1] célja a jógi tanításainak terjesztése a világban, valamint ezek tiszta és változatlan formában történő megőrzése a jövő generációi számára. Mint termékeny író és előadó, már amerikai tartózkodásának kezdetétől fogva számtalan könyvet írt a meditáció jóga-tudományáról, a kiegyensúlyozott életről és a nagy világvallások egységéről. Ez az egyedülálló és mélyreható spirituális örökség a mai napig tovább él, és sok millió igazságkeresőt inspirál szerte a világon.

A nagy mester óhajának megfelelően a Self-Realization Fellowship folytatja *Paramahansza Jógananda Összes Műveinek* kiadását, amely nemcsak minden könyve legújabb változatát, hanem sok más, eddig meg nem jelent alkotásait is tartalmazza – olyan munkákat, amelyek haláláig (1952) kiadatlanok maradtak, vagy amelyek csak részletekben jelentek meg a Self-Realization Magazinban, továbbá azon sok száz rendkívül ihletett tanfolyam és előadás szövegét, amelyekről csak hangfelvételek készültek, de haláláig nem jelentek meg nyomtatásban.

Paramahansza Jógananda személyesen választotta és képezte ki azokat a közeli tanítványait, akik a Self-Realization Fellowship kiadói tanácsában foglalnak helyet, és akiket pontos útmutatásokkal látott el tanításainak nyomtatott formában történő kiadásával kapcsolatban. Az SRF kiadói tanácsának tagjai (akik olyan barátok és nővérek, akik letették a lemondás és az önzetlen szolgálat életre szóló szerzetesi fogadalmát) szentírásként kezelik ezeket az

---

1   Szó szerint Ön-Megvalósítási Társaság. Paramahansza Jógananda a Self-Realization Fellowship jelentését következőképpen magyarázza: „Istennel való egyesülés Ön-megvalósításon keresztül, és barátság minden igazságkereső lélekkel." Lásd még „A Self-Realization Fellowship céljai és ideáljai" a könyv végén.

irányelveket, azért, hogy e szeretett világtanító univerzális üzenete eredeti energiájával és hitelességével maradhasson fenn az utókor számára.

A Self-Realization Fellowship emblémáját (lásd fent) Paramahansza Jógananda választotta az ő általa alapított nonprofit társasága jelképéül. Ez az egyetlen szervezet a világon, amely tanításait törvényesen terjesztheti. Az SRF név és embléma a Self-Realization Fellowship minden nyomtatott és elektronikus kiadványán megtalálható, arról biztosítva az olvasót, hogy a mű a Paramahansza Jógananda által alapított társaságtól származik, és az ő szándékai szerint közvetíti tanításait.

– *Self-Realization Fellowship*

Jámborságáért és számos arra érdemes mozgalom nagylelkű támogatásáért, valamint a Jógada Szatszanga bentlakásos fiúiskola (Rancsi, Bihar, India) megalapításában betöltött úttörő szerepéért, nagy szeretettel ajánlom ezt a könyvet a néhai Srí Manindra Chandra Nundynak, a bengáli Kászimbazár méltóságos maharadzsájának.

TARTALOM

Előszó

írta: Douglas Grant Duff Ainslie

(1865–1952)

(angol államférfi, költő és filozófus; a Harvard Egyetem Nemzetközi Filozófiai Kongresszusának küldöttje)

Ebben a kis könyvben megtalálható a világegyetem nyitja. Értéke szavakban kifejezhetetlen, hiszen a vékony kis műben a *Védák* és az *Upanisádok* virágaira, a jóga filozófiájának és módszerének legkiválóbb képviselője, Patandzsáli eszenciájára és Sankara, a valaha testet öltött legnagyobb gondolkodó gondolataira lelhetünk. És mindez most először hozzáférhető nagy tömegek számára.

Az olvasó egy olyan ember megfontolt nyilatkozatát tartja a kezében, aki hosszas vándorlás után Keleten rábukkant a világ rejtélyeinek a nyitjára. A hinduk az egész világ elé tárták az Igazságot. És ez már csak így természetes, ha belegondolunk, hogy több mint ötezer évvel ezelőtt, amikor a britek, a gallok, a görögök és a rómaiak ősatyjai igazi barbárokként még Európa erdeiben kalandoztak élelem után kutatva, a hindukat már akkor az élet és halál misztériuma foglalkoztatta, amelyekről ma már tudjuk, hogy a kettő egy és ugyanaz.

Paramahansza Jógananda tanításairól mindenképpen tudni kell, hogy az európai filozófusok (Bergson, Hegel és mások) tanaival ellentétben ezek nem spekulatívak, hanem gyakorlatiak; még ha a metafizika legtávolabbi zugaiba kalauzolnak is minket. Ennek az az oka, hogy az emberiség nagy családjából egyedül a hinduknak sikerült behatolniuk a fátyol mögé, és megszerezniük a tudást, amely egyáltalán nem filozófiai, azaz bölcsességkedvelő, hanem maga a bölcsesség. Mert, a verbális dialektika kifejezéseivel élve, ennek a tudásnak elkerülhetetlenül meg kell nyílnia azon filozófusok bírálatai előtt, akiknek az életét – ahogyan Platón fogalmazott – a vitatkozás művészete teszi teljessé. Az igazság szavakban kifejezhetetlen. És amikor szavakat használunk, legyen a használójuk akár Sankara, az éles elme mindig találhat rajtuk egy-egy támadható rést. Végső soron a véges nem foglalhatja magában a végtelent. Az igazság nem örök dialógus; az az Igazság. Tehát csak a valódi személyes felismerés révén, gyakorlattal vagy egy olyan módszerrel, mint amelyet Paramahansza Jógananda ajánl, ismerhetjük meg valaha is kétkedés nélkül az Igazságot.

Az egész világ Üdvösségre vágyik, ahogyan azt Paramahansza mondja és bizonyítja, de a legtöbb embert megtéveszti az örömök iránti vágy. Buddha maga sem jelentette ki világosabban, hogy a tudatlanságunkban követett vágy az, amely a nyomorúság mocsarába visz; és ez az a hely, ahol az emberiség legnagyobb része reménytelenül botorkál.

Buddha azonban nem jelölte ki ugyanilyen világosan a negyediket a mindnyájunk által vágyott üdvösségállapot elérésére szolgáló négy módszer közül. Ez a negyedik módszer messze a legkönnyebb, de a gyakorlati siker eléréséhez szakértői útmutatásra van szükség. Ez a szakértő most köztünk van, hogy a Nyugatnak is átadja a technikát, az egyszerű szabályokat, amelyek századokon át hagyományozódtak ránk India ősi filozófusaitól, és amelyek elvezetnek a felismeréséhez vagy az örök üdvösség állapotához.

A hindu gondolkodásban és gyakorlatban mindig fontosnak tartották hangsúlyozni ezt a közvetlen kapcsolatot. India szerencsés szülötteinek kivételével a mai napig a legtöbbünk számára elérhetetlen volt mindez. Most, hogy Nyugaton is a rendelkezésünkre áll – gyakorlatilag itt kopogtat az ajtónkon –, igazán botorság lenne elkerülni vagy figyelmen kívül hagyni, és egy próbát sem tenni vele, hiszen már önmagában a gyakorlása is módfelett üdvözítő. „...sokkal tisztábban üdvözítő, mint a legnagyobb élvezet, amelyet akármelyik érzékszervünkön vagy az elménken keresztül valaha megtapasztalhatunk" – ahogyan azt maga Paramahansza

Jógananda megfogalmazza, majd hozzáteszi: –"Nem kívánok sem-
miféle egyéb bizonyítékkal szolgálni a módszer igazságáról, mint
amelyet maga a tapasztalás átad."
    Az első lépés ennek a kis könyvnek az elolvasása lehet. Ezt
követik majd természetes módon azok a további lépések, amelyek
az üdvösség tökéletes állapotának az eléréséhez szükségesek.
    „Damaszkuszi János" című versem néhány sorával búcsúzom;
azt próbálom én is költői eszközeimmel érzékeltetni, ami ebben a
könyvben megvalósul. A Buddha szól, aki itt most a mi számunkra
Paramahansza Jógananda, hiszen a „Buddha" egyszerűen azt je-
lenti: „Aki tudja".

> Régóta vándorlok bizony,
> Megszámlálhatatlan élet és szenvedés
> Láncára verve, a tűzben égő én,
> A vad vágyak karmait érzékelve.
>
> De megvan, megtaláltam az Okot, bizony.
> A tűzben égő énét, a vad vágyakét.
> Az én számomra ház nem épülhet
> Többé soha, Ó, Építész!
>
> Mert összetörtek a te szarufáid,
> Teljesen szétporlottak a te tetőgerendáid;
> Számomra ház többé nem épül már.
> Az enyém a Nirvána, az enyém;
> Egy karnyújtásnyira, itt, a szemem előtt.
> Most, ha akarom, megtehetem,
> Örökre, végleg elmehetek
> Az örök üdvösségbe, nem hagyva nyomot
> Sem itt, sem sehol másutt.
>
> De a szívem telve szeretettel; maradok ezért,
> Emberiség, a te kedvedért,
> A saját kezemmel építve a hidat,
> Melyen ha átkelsz, te is megszabadulsz

Születéstől és haláltól és félelemtől,
És ezáltal az örök üdvösségbe jutsz.

A hídépítő itt van közöttünk. A saját kezével fogja megépíteni a hidat, ha valóban azt kívánjuk, hogy megtegye.

London, Anglia
1927. február

Elöljáróban

Egyetemes spiritualitás az eljövendő globális civilizáció számára

Bevezető A vallás tudománya különleges kiadásához, mellyel Paramahamsza Jógananda Nyugatra érkezésének és a Self-Realization Fellowship nemzetközi társaság megalapításának századik évfordulóját ünnepeljük.

1920. szeptember 19-én futott be a bostoni Chelsea-öbölbe a *The City of Sparta* nevű hajó – az első Indiából Amerikába érkező gőzös az I. világháború lezárása után. A *The Boston Globe* leírásai szerint a partra szálló utasok között egy „festői alakot" lehetett felfedezni, aki „egy vallási konferenciára utazott Bostonba, a későbbi tervei között pedig szerepelt egy országos előadás-körút is". Paramahamsza Jóganandát, akit az érkezésekor gyakorlatilag egyáltalán nem ismertek Amerikában, később széles körben a „jóga nyugati atyjaként" emlegettek.

Háromszáz évvel korábban, 1620 őszén értek partot az amerikai zarándokatyák Bostontól valamivel délre, Plymouthnál. Érkezésük eredményeképpen új nemzet született, mely kihirdette, hogy a vallásszabadság az ember elidegeníthetetlen joga. Az esemény háromszáz éves évfordulójának megemlékezésére szervezte az Amerikai Unitárius Társulat a vallási liberálisok nemzetközi kongresszusának „tricentenáriumi zarándoktalálkozóját", mely 1920 október elején kezdődött, hogy megvitassák a szabadság fontosságának vallási nézőpontját. Erre a történelmi konferenciára hívták meg az ifjú Szvámi Jóganandát. Az előadása témája a vallás tudománya volt, és az emberiség legmagasabb szintű szabadságával foglalkozott: az abból eredő szabadsággal, amikor felismerjük a lélek örök, változhatatlan egységét Istennel.

Az esemény egyik szervezője Charles Wendte amerikai unitárius lelkész volt, aki részt vett a világ vallásainak 1893-as chicagói parlamentje megszervezésében is, és akinek, több más úttörő unitárius vezetővel együtt, sikerült meghívnia a világ különböző vallási hagyományainak egyéb képviselőit. Wendte és a kongresszus többi szervezője egy olyan szervezet alapjait akarta lefektetni, amely „a politikai irányultságú Nemzetek Szövetségéhez hasonló és azzal együttműködő vallások ligája" lenne.

Ez a jövőkép sok mindenben egyezett Paramahamsza Jóganandáéval. A kongresszus résztvevőinek tartott előadásában a szvámi a minden vallás alapjául szolgáló egyetemes spiritualitást hangsúlyozta, és néhány évvel később ő beszélt „a lelkek szövetségéről és egy egyesült világról... melynek minden nemzet hasznos része, és amelyet Isten vezérel az ember megvilágosodott tudata révén".

Szvámi Jóganandát Dr. Heramba Maitra, a kalkuttai főiskola egyik professzora helyett hívták meg az 1920-as kongresszusra, aki a Bráhmo Szamádzs (egy indiai vallási és társadalmi reformmozgalom, mely a bengáli reneszánsz formálódását segítette) képviseletében vett volna részt az eseményen, de betegség miatt le kellett mondania az utat.

„[Dr. Maitra] helyett" – közölte a *New Pilgrimages of the Spirit* című lap –, „Szvámi Jógananda Giri a teisztikus brahmacsárja Sanghashram képviseletében jelent meg a konferenciánkon, és adta elő lenyűgöző beszédét..."

A cikk írója arról is beszámolt, hogy „[Jógananda] folyékony angolsággal és átható filozófiai erővel beszélt ‚A vallás tudományáról'... A vallás, jelentette ki, egyetemes és egy. Valószínűleg nem tehetünk univerzálissá bizonyos konkrét szokásokat és hagyományokat, a vallás közös elemét azonban igen, és mindenkit egyként kérhetünk arra, hogy ezt kövesse és ennek engedelmeskedjen. Minthogy Isten egy, és mindenki számára nélkülözhetetlen, úgy a vallás is egy, nélkülözhetetlen és egyetemes. Csak a mi korlátozott emberi nézőpontunkból nem vesszük észre a világban létező úgynevezett különböző vallások mélyén húzódó egyetemes elemet."

Jógananda beszéde, melyet 1920. október 6-án adott elő a bostoni Unity House-ban, az egyik legfontosabb esemény volt

Amerika történelmében a jóga indiai tudományának elfogadása és
megértése szempontjából – olyan esemény, mely ama férfiú mun-
kásságának a kezdetét jelezte, „aki mindenkinél többet tett azért,
hogy a [jóga] Nyugaton is elérhetővé válhasson."[2]

Az életteli, fiatal indiai szvámi nem akarta áttéríteni a hall-
gatóságot sem a hinduizmusra, sem semmilyen más vallásra. Ő
annak az egyetemes tudománynak a szemszögéből beszélt, amely
minden vallásos utat megalapoz és egységesít, és azt mondta, hogy
a vallási hovatartozásától függetlenül mindenki konkrét, élő meg-
tapasztalásként találkozhat Istennel az életében. A beszédével mély
húrokat pengetett meg Bostonban: itt keresték a New England-i
transzcendentalisták a lehetőséget az egyedüllétre és elmélkedésre
néhány évtizeddel korábban. Amit kerestek, az túlmutatott a társa-
dalmi és politikai szabadságon; a hittől és dogmától mentes isteni
megtapasztalásra vágytak.

A vallás céljára, az élet céljára vonatkozó teljesen új elképze-
lést mutatott a nyugati hallgatóságnak – elmondta, hogyan szüntet-
hető meg végleg a fájdalom és a szenvedés és található meg a tartós
boldogság mint Üdvösség, Isten jelenléte önmagunkban. Emellett
lépésről lépésre elmagyarázta a módszert is – a jóga meditációt,
India egyetemes lélektudományát –, amellyel bárki önállóan meg-
tapasztalhatja az Üdvösséget.

Ezt a történelmi beszédet dolgozza fel részletesen a kezedben
tartott könyv – Jógananda első, nyugati hallgatóság előtt tartott
előadását a Kriya Jóga meditáció hatékonyságáról ennek az egye-
temes célnak az elérésében. A témával kapcsolatos későbbi előadá-
sairól az Egyesült Államok minden jelentősebb lapja beszámolt, és
a beszédei több ezer keresőt vonzottak, akik az ország legnagyobb
előadótermeit is megtöltötték, hogy hallhassák ezt az isteni bűverő-
vel rendelkező előadót a lélek ősi tudományáról beszélni.

Még a történelmi partraszállása évében megalapította
Jógananda azt a szervezetet, mely később a Self-Realization

---

2   Robert S. Ellwood, Ph.D., a vallástudományok professzora, Dél-Kaliforniai
Egyetem, in: *Religious and Spiritual Groups in Modern America* (Routledge,
1973)

Fellowship (SRF) nevet kapta, és amelynek a célja a Kriya Jóga tanításainak a terjesztése világszerte. Fáradhatatlan munkálkodása, melynek során a vallás egyetemességét hirdette és a vallás legmagasabb tudományát tanította, mélységes hatással volt a Nyugat vallásos és spirituális életének teljes szövetére.

Évekkel később, az 1920-as kongresszus krónikáját rögzítve ezt írta a vallásszabadság International Association of Religious Freedom nevű nemzetközi szervezete (melyet ma a vallási liberálisok nemzetközi kongresszusaként ismerünk): „A kongresszus egyik legkiemelkedőbb, több mint kétezer hallgatót vonzó előadója Paramahansza Jógananda volt, aki ma köztiszteletnek örvend Indiában, és akit világszerte szentként tisztelnek. Jógananda... 1920-tól 1952-ig fáradhatatlanul dolgozott azon, hogy megértést hozzon Kelet és Nyugat közé...[Ő] volt az egyik legbefolyásosabb és legmélyebben tisztelt keleti vallási vezető, aki a Nyugaton élt és munkálkodott. A következő harminckét év alatt ő volt Kelet és Nyugat találkozásának az egyik legnagyobb úttörője, és ma is milliók hőn szeretett vallási tanítója."

Attól a pillanattól kezdve, hogy Amerika földjére lépett, fáradhatatlanul dolgozott azon, hogy elhozza a világ keresői számára India legmagasabb bölcsességét és meditációs technikáját, és lefektesse egy új globális civilizáció alapjait az egyetemes spiritualitás örök alapelvei mentén, ahol minden férfiban és nőben megvan a lehetősége a személyes kommunikációnak Istennel, és ezáltal egy magasabb szintű és megvilágosodottabb tudatosságot vigyen az emberiség polgári, országos és nemzetközi kérdéseibe.

Paramahansza Jógananda Nyugatra érkezésének és a Self-Realization Fellowship nevű szervezete megalapításának történelmi, századik évfordulóját ünnepelve mi – mindenki nevében, aki őszintén követi a Kriya Jóga útját, és az egész emberiség nevében – ma ugyanebben reménykedünk: abban, hogy boldogan és lelkesen vághatunk bele az SRF következő száz évébe, melynek során egyre több Igazságkereső fogja felfedezni a legmagasabb szabadságot, a lélek szabadságát elhozó egyetemes spirituális módszereket.

—*Self-Realization Fellowship*

A VALLÁS TUDOMÁNYA

Bevezetés

A könyvben azt szeretném körvonalazni, hogy mit kell valláson érteni ahhoz, hogy egyetemesen és gyakorlati szempontból szükségesnek ismerhessük el. Be kívánom mutatni továbbá az Istenség fogalmának azon aspektusát, amely közvetlenül összefüggésben áll életünk minden egyes percének cselekedeteivel és mozgatórugóival.

Igaz, hogy Isten végtelen az Ő természetében és aspektusaiban; és az is igaz, hogy ha olyan táblázatot akarunk készíteni, amely részletezi – már amennyire a logika engedi – Isten természetét, az csak az emberi elme korlátait fogja bizonyítani abbéli próbálkozásában, hogy felfedje az Isten mélységeit. Ugyanakkor hasonlóképpen igaz az is, hogy az emberi elme, minden hátránya ellenére, nem lehet tökéletesen elégedett olyasmivel, ami véges. Természetes késztetése van arra, hogy az emberfeletti és a végtelen fényében értelmezzen mindent, ami emberi és véges – amit érez, de kifejezni képtelen; ami magától értetődően megvan benne, de amelyet semmilyen körülmények között nem képes kifejezni.

Általában emberfeletti, végtelen, mindenütt jelenlévő, mindentudó és egyéb hasonló tulajdonságokkal rendelkező entitásként gondolunk Istenre. Ennek az általános felfogásnak azonban számos változata van. Vannak, akik személyesnek, míg mások személytelennek tekintik Istent. A könyv azt hangsúlyozza, hogy akármilyen Isten-felfogással rendelkezzünk is, ha az nem befolyásolja a mindennapi viselkedésünket, ha nem ösztönzi mindennapi életünket, és ha nem találjuk egyetemesen szükségesnek, akkor a felfogásunk haszontalan.

Ha nem tekintjük Istent elengedhetetlennek ahhoz, hogy kielégítésük egy vágyunkat, hogy emberekkel bánjunk, hogy pénzt keressünk, hogy könyvet olvassunk, hogy átmenjünk egy vizsgán, hogy elvégezzük a legjelentéktelenebb vagy legemelkedettebb feladatainkat, akkor nyilvánvaló, hogy eddig semmilyen kapcsolatot nem éreztünk Isten és az életünk között.

Lehet Isten végtelen, mindenütt jelenlévő, mindentudó, személyes és kegyes, ezek az elképzelések mégsem elég kényszerítő erejűek ahhoz, hogy megpróbáljuk megismerni Őt. Simán meglehetünk nélküle is. Lehet Ő végtelen, mindenütt jelenlévő és így tovább, de elfoglalt, rohanó mindennapjainkban nem látjuk ezeknek az elképzeléseknek a közvetlen és gyakorlati hasznát.

Csak akkor nyúlunk ezek után a fogalmak után, amikor filozófiai vagy költészeti írásokban, művészeti vagy idealista beszélgetésekben igazolni szeretnénk, hogy a véges valami rajta túlmutató dologra vágyakozik; amikor minden felmagasztalt tudásunkkal felvértezve sem tudunk megmagyarázni néhányat a világegyetem leggyakoribb jelenségei közül; vagy amikor a világ viszontagságai közepette zátonyra futunk. Ahogy keleten mondják, „akkor imádkozunk az örökké irgalmashoz, amikor megrekedünk". Máskülönben látszólag nélküle is elég jól elboldogulunk a mindennapi életben.

Úgy tűnik, hogy ezek a sztereotip fogalmak a keményre pumpált emberi gondolkodás biztonsági szelepei. Magyarázatot adnak Őrá, de nem késztetnek arra, hogy keressük. Nem rendelkeznek elég hajtóerővel. Amikor végtelennek, mindenütt jelenlévőnek, örökké irgalmasnak és mindentudónak nevezzük Istent, nem feltétlenül *keressük* Őt. A fogalmak kielégítik az intellektust, de nem csillapítják a lelket. Ha a szívünkben tisztelettel és szeretettel bánunk velük, bizonyos mértékig kiterjeszthetnek minket – erkölcsössé és elfogadóvá tehetnek Ővele szemben. De nem segítenek a magunkévá tenni Istent – mert ahhoz nem elég bensőségesek. A világ mindennapi ügyeitől távolabbra helyezik Őt.

Ezek a fogalmak idegennek érződnek, amikor az utcán vagy a

gyárban, a pult mögött vagy az irodában vagyunk. Nem azért, mert valóban halottak vagyunk Isten és a vallás számára, hanem mert nem jól fogjuk fel őket – nem olyanok a fogalmaink, amelyeket beleszőhetnénk mindennapi életünk szövetébe. Isten-felfogásunknak minden nap, sőt, minden órában iránymutatást kellene adnia. Már az Isten-felfogásunknak magának fel kellene ráznia minket annyira, hogy mindennapi életünk közepette is Őt keressük. Ezt értjük mi gyakorlati és kényszerítő erejű Isten-felfogás alatt. Ki kellene vennünk a vallást és Istent a hit világából, és bele kellene vonnunk a mindennapi életbe.

Ha nem hangsúlyozzuk Isten szükségességét életünk minden területén, és a vallás szükségességét létezésünk minden percében, akkor Isten és a vallás ki fog esni mindennapjaink meghitt gondolatköréből, és amolyan heti egyszeri, ha úgy tetszik, vasárnapi viszonnyá fog válni. A munka első részében megpróbálom elmagyarázni, hogy ahhoz, hogy megérthessük Isten és a vallás szükségességét, arra az Isten- és vallásfelfogásra kell helyeznünk a hangsúlyt, amelyik megfelel a minden nap és minden órában végzett tetteink fő céljának.

A könyvben a vallás egyetemességére és egységére is rá kívánok mutatni. A különböző korokban különböző vallások alakultak ki. Fűtött ellentétek, elhúzódó háborúk és rengeteg vér tapad hozzájuk. Az egyik vallás kiállt a másik ellen, az egyik szekta harcolt a másikkal. És nemcsak a vallások különböznek egymástól, hanem bizonyos vallásokon belül is számos eltérő szektára és véleményre bukkanhatunk. És itt felmerül a kérdés: ha egy Isten van, miért kell olyan sok vallásnak lennie?

Lehet itt azzal érvelni, hogy az intellektuális fejlődés adott fázisai és az egyes nemzetekhez tartozó adott mentalitás, amelyet az eltérő földrajzi elhelyezkedés és egyéb külső körülmények alakítanak, határozzák meg a különböző vallások – például a hindu és a mohamedán vallás, valamint a buddhizmus Ázsiában, a kereszténység Európában és így tovább – eredetét. Ha vallás alatt csak gyakorlatokat, meghatározott tanokat, dogmákat, szokásokat és hagyományokat értünk, akkor lehet alapja annak, hogy olyan sok vallás létezik. Ha azonban vallás alatt *elsősorban* az Isten-tudatot értjük, vagy Isten felismerését mind belül, mind rajtunk kívül, és csak *másodsorban* értjük alatta a hittételek, tanok és dogmák adott csoportját, akkor szigorúan vett értelemben csak egyetlen vallás létezhet a világon, mert csak egy Isten van.

A szokások, istentiszteleti formák, tanok és hagyományok sokaságát tekinthetjük az ezen az egy valláson belül kialakult különböző felekezetek és szekták alapjának. A vallás akkor és csak akkor tarthatja meg az egyetemességét, ha így értelmezzük; mert az adott szokásokat és hagyományokat valószínűleg nem tehetnénk egyetemessé. Csak az összes vallásra jellemző közös elemet lehet egyetemessé tenni, amelynek a követésére és elfogadására mindenkit megkérhetünk. És akkor igazán elmondhatjuk, hogy a vallás nemcsak szükséges, de egyetemes is. Akkor mindenki ugyanazt a vallást követheti, hiszen csak egy van – mert minden vallás egyetemes eleme egy és ugyanaz.

Ebben a könyvben azt próbálom megmutatni, hogy *amint Isten egy és mindnyájunk számára szükséges, ugyanúgy egy, szükséges és egyetemes a vallás is.* Csak a hozzá vezető utak bevezető szakasza térhet el némely tekintetben. Tulajdonképpen nem is lenne logikus olyasmit állítani, hogy két vallás van, amikor egyetlen Isten létezik. Lehet két felekezet vagy két szekta, de vallásból csak egy van. Amiket mi most különböző vallásoknak hívunk, azokat valójában az egy egyetemes vallás eltérő felekezeteiként vagy szektáiként kellene számon tartanunk. Amiket pedig most eltérő felekezetekként vagy szektákként ismerünk, azokat kellene kultuszoknak vagy ágazatoknak hívnunk. Amint pontosan megismerjük a „vallás" szó értelmét – amibe rögvest bele is vágok –, természetes módon nagyon körültekintően kezdjük majd használni azt. Csak a mi korlátozott emberi nézőpontunkból nem tűnik ki azonnal az úgynevezett különböző vallások mélyén húzódó egyetemes alkotóelem, és ez a sajnálatos tény, hogy nem vesszük észre, számtalan bajunk okozója.

A könyv nem dogmákon vagy tanokon alapuló, objektív definícióval áll elő, hanem lélektani szempontból határozza meg a vallást. Más szóval, szeretné a vallást teljes belső lényünk és beállítottságunk ügyévé tenni, és nem szorítkozik bizonyos szabályok és előírások puszta megfigyelésére.

1. RÉSZ

A vallás egyetemessége, szükségessége és egysége

Az élet általános célja

Először is tudnunk kell, hogy mi az a vallás, mert csak akkor ítélhetjük meg, hogy vajon szükséges-e, hogy mindnyájan vallásosak legyünk. Ha szükség nincs, tett sincsen. Minden egyes tettünknek saját célja van – azért hajtjuk végre, hogy ezt az adott célt elérjük. Az emberek a világon különböző célok érdekében különböző tetteket hajtanak végre; márpedig számtalan cél létezik, és ezek határozzák meg az emberek tetteit.

De vajon létezik-e olyan közös és egyetemes cél, amelyik a világon minden ember minden cselekedetét irányítja? Van-e mindnyájunknak egy olyan közös, legmagasabb szükséglete, amelyik minden tettünket előidézi? Egy az emberek tetteinek kiváltó okaira és céljaira összpontosító, rövid elemzés azt mutatja, hogy bár az egyes emberek által választott hivatás vagy szakma tekintetében ezer és egy közvetlen cél létezhet, a végső cél – amelynek elérését végső soron minden egyéb cél csupán elősegíti – a fájdalom és a vágy elkerülése, és az örök Üdvösség elnyerése. Hogy elkerülhetjük-e végleg a fájdalmat és a vágyat, és elnyerhetjük-e az örök Üdvösséget, az más kérdés; alapjában véve azonban minden tettünk révén nyilvánvalóan kerülni próbáljuk a fájdalmat, és keressük az örömöt.

Miért szegődik el tanoncnak az ember? Mert szakértelmet akar szerezni egy bizonyos mesterségben. És miért vág bele ebbe az adott szakmába? Mert azzal megkeresheti a kenyerét. Miért kell egyáltalán pénzt keresnie? Mert ezzel elégítheti ki a saját és a családja igényeit. Miért kell kielégítenie az igényeket? Mert ezzel elkerülheti a fájdalmat, és boldogságra lelhet.

Ami azt illeti, az Üdvösség és a boldogság nem ugyanaz. Mind az Üdvösséget keressük, de valami hatalmas tévedés következtében azt képzeljük, hogy az öröm és a boldogság az Üdvösség. Hamarosan azt is elmagyarázom, ez hogyan alakulhatott így. A végső mozgatórugó valóban az Üdvösség, amelyet a bensőnkben érzünk; a boldogság – vagy öröm – azonban a saját félreértésünk következtében átvette a helyét, és most már az örömre tekintünk tetteink végső kiváltó okaként.

Most már tehát látjuk, hogy bizonyos igények kielégítése; bizonyos – a legenyhébbtől a legégetőbbig terjedő, fizikai vagy mentális – fájdalmak megszüntetése, valamint az Üdvösség elnyerése a végső célunk. Hogy az Üdvösséget miért akarjuk elnyerni, azt nem lehet megkérdezni, mert erre a kérdésre nem kaphatunk választ. Ez a végső célunk, akármivel foglalkozunk is: vállalkozásba fogunk, pénzt keresünk, barátkozunk, könyvet írunk, tudást szerzünk, királyságokat irányítunk, milliókat adományozunk, országokat fedezünk fel, hírnevet hajhászunk, rászorulókon segítünk, filantróppá válunk, vagy mártírként harcolunk. Meg fogjuk látni, hogy amint szigorúan szem előtt tartjuk az igazi célunkat, Isten keresése valódi tényszerűséggé válik. Létezhet sokmilliónyi kis lépés és több milliárdnyi köztes cselekedet és mozgatórugó, de a végső kiváltó ok mindig ugyanaz: az örök Üdvösség elnyerése, akkor is, ha tettek hosszú során át vezet odáig az út.

Az ember általában szeret sorban haladni, hogy eljusson a végső célig. Öngyilkosságot követhet el valamilyen fájdalom megszüntetése érdekében, sőt, akár gyilkosságot is, ha meg akar szabadulni a fájdalomtól vagy égető vágytól vagy a szívét kegyetlenül kínzó, szorongató érzéstől, mert azt hiszi, hogy az adott tettel valódi elégedettségben vagy megkönnyebbülésben lehet része – amit összetéveszt az Üdvösséggel. Nem szabad azonban észrevétlenül hagynunk a tényt, hogy itt is ugyanaz munkálkodik benne (habár hibásan) a végső cél elérésén.

Van, aki erre azt mondhatja, hogy őt az örömök vagy a boldogság egyáltalán nem érdekli; ő azért él, hogy elérjen valamit, hogy sikeres legyen. Egy másik ember pedig esetleg azt, hogy ő jót akar tenni a világban, és nem foglalkozik azzal, hogy közben érez-e fájdalmat. Ha azonban belenézünk ezeknek az embereknek a fejébe, rájövünk, hogy itt is megvan ugyanaz a boldogságra törekvés. Az, aki a sikerért küzd, vajon olyan sikert akar elérni, amely semmilyen örömöt és boldogságot nem hoz? Az pedig, aki segíteni szeretne másokon, vajon semmilyen örömben nem részesül mindeközben? Nyilvánvalóan nem így van. Lehet, hogy nem bánják azt az ezer és egyfajta fizikai fájdalmat vagy mentális szenvedést, amelyeket mások mérnek rájuk, vagy amelyek a sikerért vagy a mások megsegítéséért való küzdelmük során elkerülhetetlenül előadódnak; de mert az egyik nagyszerű megelégedésre lel a sikerben, a másik pedig végtelen örömét leli a jótéteményekben, az összes közben felmerülő nehézség ellenére az előbbi a sikerért, az utóbbi pedig mások jólétéért munkálkodik.

Önmagában véve a legönzetlenebb mozgatóerő és az emberiség legfőbb érdekeit szem előtt tartó, legkomolyabb szándék is a szelíd személyes boldogság, az Üdvösség elnyerésének alapvető, sürgető igényéből fakad. De ez nem a szűk látókörű haszonleső boldogsága. Annak a nyitott szemléletű keresőnek a boldogsága ez, aki azt a „tiszta ént" keresi, amelyik ott van benned is, bennem is, és mindnyájunkban. Ez a boldogság az Üdvösség enyhén „szenynyezett" ötvözete. Ha tehát az önzetlen cselekvés személyes mozgatórugója a tiszta Üdvösség, azzal az altruista nem teszi ki magát a szűk látókörű önzés vádjának, mert csak az nyerheti el a tiszta Üdvösséget, aki elég széles látókörű ahhoz, hogy másoknak is ezt kívánja, és ezért fáradozzon. Ezt mondja ki az egyetemes törvény.

A vallás egyetemes meghatározása

Ha tehát egyre messzebbre és messzebbre vezetjük vissza az emberiség cselekedeteinek mozgatórugóit, végül eljutunk ahhoz a végső ösztönző erőhöz, amely mindenkinél megegyezik – ez pedig a fájdalom elmulasztása és az Üdvösség elnyerése. Mivel ez a cél egyetemes, a lehető legszükségesebbnek kell tekintenünk. Ami pedig egyetemes és a legszükségesebb az ember számára, az természetesen a vallása. Ezért *a vallás szükségszerűen a fájdalomtól való végleges megszabadulásban, és az Üdvösség vagy Isten végső felismerésében fejeződik ki.* Azokat a cselekedeteket pedig, amelyeket a fájdalomtól való végleges megszabadulás és az Üdvösség vagy Isten felismerése érdekében a magunkévá kell tennünk, vallásos cselekedeteknek nevezzük. Ha így értelmezzük a vallást, akkor azonnal nyilvánvalóvá válik annak egyetemessége. Mert azt senki nem tagadhatja, hogy szeretne örökre megszabadulni a fájdalomtól, és szeretné elnyerni az örök Üdvösséget. Ezt egyetemesen el kell fogadnunk, hiszen senki nem cáfolhatja meg az igazságát. Maga az emberi létezés van ebbe bebugyolálva.

Mindenki azért akar élni, mert szereti a vallást. Még az öngyilkos tettének is a vallás szeretete az oka; hiszen úgy véli, hogy tette révén boldogabb állapotot érhet el annál, mint amelyet életében megtapasztalt. Mindenesetre azt gondolja, hogy valamilyen fájdalomtól, amelytől szenved, ezáltal meg fog szabadulni. Ebben az esetben az ő vallása igen nyers, de ugyanúgy vallás. A célja tökéletesen jogos, és mindenki más céljával megegyezik; mert mindenki a boldogságot vagy Üdvösséget keresi. Az eszközei azonban oktalanok. Tudatlansága miatt nincs tisztában azzal, hogy mi hozza el neki az Üdvösséget, minden ember célját.

Ezt jelenti vallásosnak lenni

Ennek fényében bizonyos értelemben minden ember vallásos, amennyiben mindenki próbál megszabadulni a vágytól és a fájdalomtól, és el akarja nyerni az Üdvösséget. Mindenki ugyanazért a célért munkálkodik. Szigorúbb értelemben véve azonban csak néhány ember vallásos a világon, mert – bár az ő céljuk is ugyanaz, mint mindenki másé – csak néhányan ismerik a leghatékonyabb eszközöket arra, hogy megszabaduljanak minden – fizikai, mentális és spirituális – fájdalomtól és vágytól, és elérjék az igazi Üdvösséget.

Az igazán vallásos ember nem ragaszkodhat a vallás merev, szűk, ortodox felfogásához, bár ez a felfogás – távolról – kapcsolódik ahhoz, amelyikről itt szó lesz. Ha egy ideje nem voltál templomban, vagy nem vettél részt vallásos szertartáson vagy eseményen, bár a mindennapi életben vallásosan cselekszel, azaz nyugodt és higgadt vagy, összpontosítasz, jótékonykodsz, és próbálod kihozni a jót a legnagyobb próbatételt jelentő helyzetekből is, egy kimondottan ortodox vagy szigorú vallás átlagos követői csak ingatják majd a fejüket, és kijelentik, hogy bár próbálsz jónak lenni, a vallás szempontjából vagy Isten szemében bizony „kihullottál a rostán", mivel mostanában nem látogattál szent helyeket.

Míg egyfelől természetesen senki nem állhat elő jogos kifogással arra nézve, hogy miért marad távol az ilyen szent helyektől, másfelől arra sem lehet jogos érvet találni, hogy miért kellene vallásosabbnak tekinteni valakit csak azért, mert templomba jár, ha ugyanakkor a mindennapi életében nem alkalmazza a vallása által vallott alapelveket, amelyek végső soron az örök Üdvösség elnyerését célozzák. A vallást nem a templomi padok, és nem a templomban tartott szertartások tartják és kötik össze. Ha tisztelettudó vagy, és mindig odafigyelsz arra, hogy zavartalan Üdvösség-tudattal éld a mindennapjaidat, ugyanolyan vallásos leszel a templomon kívül, mint annak falain belül.

Ezt természetesen nem kell a templomba járás elhanyagolása melletti érvként értelmezni, hiszen az általában több szempontból is komoly segítséget jelenthet. A lényeg az, hogy ugyanannyi erőfeszítést kell tenned a templomon kívül töltött időben is az Üdvösség elnyerésére, mint annak előtte, mialatt a padban ülve, passzívan befogadod a szertartást. Nem mintha a hallgatás nem lenne jó dolog a maga módján; mert minden bizonnyal az.

A vallás jótékony törvényekkel „köt" minket

A latin *vallás* (*religio*) szó a *religare*, azaz „megkötni" igéből származik. Mi az, ami köt, vajon kit köt, és miért? Minden ortodox magyarázatot félretéve erre az a logikus válasz, hogy „mi" vagyunk megkötve. De mi az, ami köt minket? Természetesen nem láncok vagy béklyók. Azt mondhatjuk, hogy a vallás szabályai, törvényei vagy rendelkezései kötnek minket. De mi okból? Hogy rabszolgává tegyenek? Hogy megfosszanak a szabad gondolkodás vagy a szabad akarat születésünktől fogva minket megillető jogától? Ennek semmi értelme nem lenne. Ahogy a vallásnak magának megfelelő mozgatórugója kell legyen, ugyanúgy a „megkötésünkre" is jó oka kell, hogy legyen. Mi ez az ok? Az egyetlen értelmes válasz az lehet erre a kérdésre, hogy a vallás azért köt bennünket a szabályaival, törvényeivel és rendelkezéseivel, hogy ne korcsosuljunk el, ne váljunk nyomorulttá – sem testi, sem mentális, sem spirituális értelemben.

A testi és mentális szenvedést jól ismerjük. De mit takar a spirituális szenvedés? Azt, amikor nem tudunk a Szellemről. Míg a testi és mentális szenvedés keletkezik és elmúlik, a spirituális szenvedés – bár gyakran észrevétlenül – mindig, minden korlátolt lényben jelen van. A fenti indítékon kívül milyen egyéb okot tulajdoníthatnánk a vallás e „kötéséért", ami se nem ésszerűtlen, se nem visszatetsző? Nyilvánvaló, hogy ha léteznek is egyéb okok, azok mind ezt az egyet szolgálják.

Nem illeszkedik-e szorosan a vallás korábbi meghatározása a „kötés" szó – a vallás gyökeréig csupaszított értelme – mozgatórugójával? Azt mondtuk, hogy a vallás részben a fájdalom, a nyomorúság és a szenvedés végleges elkerülésében fejeződik ki. Na mármost, a vallás nem korlátozódhat pusztán valaminek – például a fájdalomnak – a kerülésére; kell, hogy valaminek a megszerzésére is vonatkozzon. Nem lehet tisztán negatív, hanem pozitív tartalmat is kell hordoznia. Hogyan kerülhetnénk el véglegesen a fájdalmat anélkül, hogy kitartanánk az ellenkezője, az Üdvösség mellett? Bár az Üdvösség nem a fájdalom pontos ellentéte, mindenesetre olyan pozitív tudatosságot hordoz, amelyhez ragaszkodhatunk annak érdekében, hogy megszabaduljunk a fájdalomtól. Természetesen nem lóghatunk örökké egy semleges érzés levegőjében, amely sem nem fájdalom, sem nem annak az ellenkezője. Ismétlem: a vallás nem merülhet ki pusztán a fájdalom és szenvedés elkerülésében, hanem magában kell foglalnia az Üdvösség elnyerését is (hogy az Üdvösség és Isten bizonyos értelemben szinonim fogalmak, arra később még visszatérek).

Ha tehát közelebbről megvizsgáljuk a vallás legmélyebb, alapvető jelentésének (kötés) a mozgatórugóját, a vallásnak ugyanahhoz a meghatározásához jutunk el, mint amelyet az emberi tettek mozgatóerejének az elemzése révén kaptunk.

A vallás alapvetések kérdése

A vallás alapvetések kérdése. Ha a mi alapvető mozgatórugónk az Üdvösség vagy boldogság keresése, ha nincs olyan cselekedetünk, az életünknek nincs olyan pillanata, amelyet végső soron ne ez az alapvető mozgatóerő sarkallna, akkor nem kellene-e ezt a vágyat az emberi természet legmélyebben gyökerező sajátjának tekintenünk? És mi lenne a vallás, ha nem fonódna össze szorosan valahogyan az emberi természet legmélyebben gyökerező késztetésével? A vallásnak – ha ez olyasvalami, aminek valódi értéke van – muszáj egy életösztönre vagy késztetésre épülnie. Ez *a priori*, alapvető elvárás a könyvben bemutatott vallásfelfogással szemben.

Ha valakiben felmerülne, hogy a boldogságra való törekvés mellett vannak egyéb (társas, önfenntartó és így tovább) emberi ösztönök is, és megkérdezné, hogy miért nem értelmezzük a vallást ezeknek az ösztönöknek a fényében is, erre az a válasz, hogy azok az ösztönök vagy szintén a boldogságkeresést szolgálják, vagy olyan kibogozhatatlanul kötődnek hozzá, hogy nem befolyásolnák érdemben a már meglévő vallásértelmezésünket.

Még egyszer visszatérve az előző érveléshez, *az, ami az ember számára egyetemes és a legszükségesebb, az az ő vallása.* Ha az, ami a legszükségesebb és univerzális, nem az ember vallása, akkor mi lehet? A legvéletlenszerűbb és legváltozóbb dolog természetesen nem lehet. Ha a pénzt próbáljuk az élet egyedül és kizárólag figyelmet érdemlő dolgává tenni, akkor a pénz válik a vallásunkká – „a dollár a mi Istenünk". Az életünket legerősebben irányító mozgatóerő, akármi legyen is az, vallás a számunkra.

Itt most tegyük félre az ortodox értelmezést, mert a cselekvés alapelvei – nem pedig a dogmák intellektuális kinyilatkoztatása vagy a szertartásokon való részvétel – határozzák meg a vallásunkat anélkül, hogy annak személyes kihirdetésére szükségünk lenne. Nem kell arra várnunk, hogy a teológus vagy a pap nevezze meg számunkra a saját szektánkat vagy vallásunkat – alapelveink és tetteink egymillió nyelven közlik azt velünk és másokkal is.

Ennek az a lényege, hogy amögött, amit vak kizárólagossággal imádunk, akármi legyen is az, mindig ott van egy sarkalatos és mélyen gyökerező mozgatórugó. Vagyis ha a pénzt, az üzletet vagy akár azt tesszük meg létünk végső céljának és rendeltetésének, hogy megszerezzük az élet szükséges vagy éppen luxusszintű dolgait, a tetteink hátterében akkor is ott húzódik egy mélyebb hajtóerő: azért akarjuk megszerezni ezeket, hogy elűzzük a fájdalmat, és elnyerjük a boldogságot. Ez az alapvető motiváció az emberiség valódi vallása; az egyéb, másodlagos mozgatóerők álvallásokat teremtenek. Azzal, hogy a vallást nem egyetemes módon fogjuk fel, kiűztük a felhők közé; és sokan vannak, akik egyszerűen a nők divatos szórakozásának tekintik vagy olyasminek, ami az öregeknek és a gyengéknek való.

Az egyetemes vallás gyakorlati szükségessége

Most már látjuk, hogy az egyetemes vallás (vagy a vallás egyetemes felfogása) gyakorlatilag vagy *pragmatikusan* szükségszerű. Szükségessége pedig nem mesterséges vagy erőszakolt. Bár a szívünkben érezzük a szükségességét, sajnos nem mindig vagyunk teljesen tudatában. Ha így lenne, már régen megszűnt volna a fájdalom a világban. Mert azt, amit az ember igazán szükségesnek vél, minden veszély ellenére is követni fogja. Ha valaki a pénzkeresést igazán szükségesnek tartja ahhoz, hogy eltarthassa a családját, semmiféle kockázattól nem fog visszariadni, csak hogy ezt biztosíthassa. Nagy kár, hogy a vallást nem tekintjük ugyanígy szükségesnek. Ehelyett úgy tekintünk rá, mint valami díszítésre

Paramahansza Jógananda a vallási liberálisok nemzetközi kongresszusa néhány résztvevőjével 1920 októberében – Boston, Massachusetts. Sri Jógananda „A vallás tudományáról" beszélt az előkelő hallgatóság előtt.

A vallási liberálisok nemzetközi kongresszusának helyszínét biztosító Unity House

Paramahansza Jógananda előadás közben 1924 augusztusában – Denver, Colorado

vagy dekorációra, nem pedig az emberi élet összetevőjére.

Szintén sajnálatos, hogy bár minden ember célja szükségszerűen vallásos ezen a világon, amennyiben mindig azon fáradozunk, hogy megszüntessük a fájdalmat, és megleljük a boldogságot, bizonyos súlyos hibák következtében kétkedővé váltunk, és arra jutottunk, hogy az igazi vallás fontossága, amelyet éppen az imént határoztunk meg, elhanyagolható.

Mi az oka ennek? Miért nem a valódi szükségszerűséget érzékeljük a látszólagos lényegtelenség helyett? A válasz a helytelen társadalmi beidegződésekben és az érzékeinkhez való kötöttségünkben rejlik.

A saját társaságunk határozza meg, hogy mennyire ítéljük szükségesnek a különböző dolgokat. Gondoljunk csak bizonyos személyek és körülmények hatására. Ha keleti befolyás alá akarsz vonni egy nyugati embert, küldd el Ázsia szívébe; ha nyugati hatást akarsz kelteni egy keleti emberben, küldd európaiak közé – és szorgalmasan jegyezd fel az eredményeket. Ez nyilvánvaló és elkerülhetetlen. A nyugati emberek megtanulják szeretni a Kelet szokásait és életmódját, ruháit, életvitelét, gondolkodását és felfogásmódját, és a keletiek ugyanígy megszeretik azt, amit a Nyugat ad nekik. Azt veszik észre, hogy magáról az igazságról alkotott normájuk kezd változni.

Egy dologban azonban a legtöbben egyetértenek, ez pedig az, hogy világi életüket a maga gondjaival és örömeivel, jó és balsorsával mindenképpen érdemes megélni. Az egyetemes vallás szükségességére azonban kevesen vagy egyáltalán senki nem fog emlékeztetni minket, ezért nem vagyunk igazán tudatában.

Valódi közhely, hogy az ember ritkán néz ki abból a körből, amelybe belecsöppent. Ami ebbe beletartozik, azt tartja igaznak, azt követi, utánozza, azt próbálja utolérni, és azt érzi normális gondolkodásnak és viselkedésnek. Ami a saját világán kívül esik, azt vagy észre sem veszi, vagy csökkenti a jelentőségét. Egy jogász például dicsérni fogja a törvényt, és a lehető legnagyobb figyelmet szenteli neki, miközben más dolgoknak rendszerint sokkal kevesebb jelentőséget tulajdonít.

Az egyetemes vallás pragmatikus vagy gyakorlati szükségességét gyakran puszta elméleti szükségességnek tekintik, mivel a vallást is az intellektuális érdeklődés tárgyaként kezelik. Ha a vallásos eszményt kizárólag az intellektusunkon keresztül ismerjük meg, azt képzeljük, hogy elértük, és ezért már nem kell megélnünk vagy realizálnunk. Nagy hiba részünkről összekeverni a pragmatikus szükségességet az elméleti szükségességgel. Kis elmélkedést követően talán sokan belátnák, hogy az egyetemes vallás kétségtelenül a fájdalom végső megszüntetéséről és az Üdvösség tudatos felismeréséről szól, de kevesen értik meg a vallásban magában rejlő jelentőséget és gyakorlati szükségességet.

2. RÉSZ

Fájdalom, öröm és Üdvösség: ebben különböznek

A fájdalom és a szenvedés végső oka

Most meg kell vizsgálnunk a mentális és fizikai fájdalom és szenvedés végső okát, amelynek kerülésében az egyetemes vallás részt vállal.

Közös egyetemes tapasztalásaink alapján először is ki kell jelentenünk, hogy mindig akként az aktív erőként gondolunk magunkra, amely minden szellemi és testi cselekedetünket végrehajtja. Valóban számos különböző funkciót működtetünk: észlelünk, gondolkodunk, emlékezünk, érzünk, cselekszünk és így tovább. Ezeknek a funkcióknak a mélyén azonban megfigyelhetjük, hogy mindig ott van egy őket irányító „ego" vagy „én", amely alapvetően egy és ugyanazon entitásként gondol magára minden múltbeli és jelenlegi tapasztalása során.

A Bibliában az áll, hogy: „Nem tudjátok-é, hogy ti Isten temploma vagytok, és az Isten lelke lakozik bennetek?"[1] Egyénekként mindnyájan az egyetemes üdvözült Szellem – Isten – számtalan tükröződő spirituális Énje vagyunk. Ahogyan az egyetlen napnak is rengeteg képe jelenik meg, amint számtalan vízzel telt edényben visszatükröződik, ugyanúgy, ha kívülről szemléljük, az emberiség is számos lélekre oszlik, amint elfoglalja ezeket a testi és szellemi edényeket, és ily módon látszólag elkülönül az egy egyetemes Szellemtől. A valóságban azonban Isten és az ember egy, az elkülönülés pedig csak látszólagos.

Na most, üdvözült és tükröződő spirituális Énekként mi lehet az oka annak, hogy egyáltalán nem tudunk üdvözült állapotunk-

---

1   1Kor 3:16

ról, ehelyett ki vagyunk téve a fizikai és mentális fájdalomnak és szenvedésnek? A válasz erre a kérdésre az, hogy maga a spirituális Én vonta magára ezt a jelen állapotot (akármilyen folyamat eredménye legyen is ez) azáltal, hogy egy átmeneti test edényével és egy nyughatatlan elmével azonosította önmagát. Az ily módon azonosult spirituális Én sajnálatot vagy örömet érez a test és az elme egészségtelen és kellemetlen, avagy éppen egészséges és kellemes állapota felett. A spirituális Ént ennek az azonosulásnak köszönhetően folyamatosan zavarják ezek az átmeneti állapotok.

Ha megnézzük az azonosulás egy képletes példáját, azt láthatjuk, hogy az az édesanya, aki mélységesen azonosul egyetlen gyermekével, már attól is éles és intenzív fájdalmat él át, hogy gyermeke állítólagos vagy valóságos halálhírét hallja, de nem érzi ugyanezt, ha a szomszédos édesanya gyermekéről szól a hír, akivel nem azonosította önmagát. Ezek alapján el tudjuk képzelni azt a tudatosságot, amikor az azonosulás valóságos, nem pedig képletes. Ily módon *az átmeneti testtel és nyughatatlan elmével való azonosulás érzete a forrása vagy eredendő oka a spirituális Én gyötrelmeinek.*

Ha megértettük, hogy a fájdalom elsődleges oka a spirituális Én azonosulása a testtel és az elmével, most már foglalkozhatunk a fájdalom közvetlen vagy legközelebbi okainak pszichológiai elemzésével, valamint a fájdalom, az öröm és az Üdvösség különbségeinek feltárásával.

A fájdalom közvetlen okai

Az előbbi azonosulás miatt a spirituális Én bizonyos – mentális és fizikai – hajlamokat követ. Az ezeknek a hajlamoknak a kielégítésére irányuló vágy szükségletet teremt, a szükséglet pedig fájdalmat szül. Na most, ezek a hajlamok lehetnek természetesek és tanultak: a természetes tendenciák természetes, míg a tanult tendenciák tanult szükségleteket hoznak létre.

Idővel – vagy, ha úgy tetszik, megszokással – a tanult szükséglet is természetes szükségletté válik. Bármilyen fajta szükségletről legyen is szó, az mindenképpen fájdalommal jár. Minél több szükségletünk van, annál több lehetőségünk van a fájdalomra; mert minél több szükségletünk van, annál nehezebb lesz kielégíteni őket, és minél több szükséglet marad kielégítetlen, annál nagyobb a fájdalom. Ha fokozzuk a vágyakat és a szükségleteket, a fájdalom is fokozódik. Ha tehát egy vágy azonnali kielégítésére nincs lehetőség, vagy akadályba ütközik, azonnal megjelenik a fájdalom. És mi a vágy? Semmi más, mint az „izgatottság" új állapota, amelyet az elme ró ki saját magára – az elme társaságban kialakított szeszélye. Ezért *a fájdalom vagy gyötrelem forrása a vágy, avagy az elme izgalmi állapotának a fokozódása*, valamint a tévedés, miszerint úgy akarjuk kielégíteni a szükségleteinket, hogy először létrehozzuk és fokozzuk, majd külső tárgyakkal csillapítani próbáljuk, ahelyett, hogy a kezdetektől csökkenteni igyekeznénk őket.

Látszólag előfordulhat, hogy vágy előzetes megjelenése nélkül keletkezik fájdalom – például a sebfájdalmak esetében. Vegyük azonban észre, hogy az egészséges állapot megtartása iránti vágy, amely tudatosan vagy tudattalanul jelen van az elménkben és a saját fiziológiai szervezetünkké kristályosodik, most ellentétbe kerül a nem egészséges állapot, azaz a konkrét seb megjelenésével. Így, ha az elme egy bizonyos, vágy formájában megjelenő izgalmi állapota nem lel kielégülésre vagy nem szűnik meg, az fájdalmat eredményez.

Ahogy a vágy fájdalomhoz, ugyanúgy örömhöz is vezet; az egyetlen különbség az, hogy míg az első esetben a vágyban foglalt szükséglet nem elégül ki, a másik esetben ugyanez a vágyban jelentkező szükséglet – bizonyos külső tárgyak jelenlétéből adódóan – kielégül.

Ez az örömteli tapasztalás azonban, amely a szükséglet külső tárgyakkal való kielégítéséből ered, nem maradandó, hanem elenyészik; nekünk pedig csak azoknak a tárgyaknak az emléke marad, amelyek látszólag megszüntették a szükségletet. Ezért a jövőben feléled az emlékezet által felidézett tárgyak iránti vágy, majd ezáltal megjelenik a szükséglet érzése, amely, ha nem elégítjük ki, megint csak fájdalomhoz vezet.

Az öröm kettős tudat

Az öröm kettős tudatosság, amelyet a vágyott dolog birtoklásának „izgalmi tudatossága", valamint az a tudatosság ad ki, hogy az adott dolog iránti szükségletből eredő fájdalmat már nem érezzük. Egyaránt megtalálható benne az érzésbeli és a gondolati elem. Ez utóbbi „kontraszttudat", vagyis a teljes tudatosság (hogyan éreztem a fájdalmat, amikor még nem birtokoltam a vágyott tárgyat, és mennyire nem érzem most, amikor már megszereztem) teszi ki majdnem teljesen az öröm vonzerejét.

Ebből látható, hogy a szükséglet tudatossága megelőzi, a szükséglet kielégítettségének tudatossága pedig hozzátartozik az örömteli tudatossághoz. Ezért a szükséglet és a szükséglet kielégítése az, amivel az örömtudatosság foglalkozik. Az elme hozza létre a szükségletet, és az elme elégíti ki azt.

Nagy hiba egy bizonyos tárgyat önmagában örömtelinek tekinteni, és abban a reményben tárolni a képét az elmében, hogy a jelenlétével a jövőben kielégítheti az adott szükségletet. Ha a tárgyak önmagukban örömtelik lennének, akkor ugyanaz a ruha vagy étel mindig mindenkinek örömet okozna, ami egyáltalán nem igaz.

Amit *örömnek* neveznek, az az elme szüleménye – *csalóka izgatottságtudat, amely az azt megelőző vágyállapot kielégülésének és a fennálló kontraszttudatosságnak a függvénye.* Minél inkább azt gondoljuk egy dologról, hogy örömteli tudatosságot vált ki, és minél inkább elraktároztuk az elménkben a rá irányuló vágyat, annál nagyobb valószínűséggel fogunk epekedni ez után a dolog után, amelynek a jelenlétéről azt gondoljuk, hogy örömteli tudatosságot, a hiánya pedig a szükséglet érzését váltja ki. Végső soron mindkét fenti tudatállapot fájdalomhoz vezet.

Ha tehát valóban csökkenteni szeretnénk a fájdalmat, akkor, amennyire lehetséges, meg kell szabadítanunk az elménket minden vágytól és minden szükséglettől. Ha eloszlatjuk a vágyat egy bizonyos dolog iránt, amely feltételezetten egy adott szükségletet enyhítene, az öröm csalóka izgatottságtudata akkor sem fog megjelenni, ha az adott dolog éppenséggel ott van az orrunk előtt.

A szükséglet érzésének a csökkentése helyett azonban szokás szerint tovább növeljük azt, és különböző további szükségleteket alakítunk ki ennek az egynek a kielégítése során, ami az összes szükséglet kielégítésére irányuló vágyat eredményezi. A pénz iránti szükségletünk elkerülése végett például beindítunk egy vállalkozást. Ahhoz, hogy a vállalkozásunk működjön, számos egyéb olyan szükségletre és kényszerűségre is oda kell majd figyelnünk, amelyeket a cégvezetés hoz magával. Minden egyes szükséglet és szükség pedig még több szükségletet eredményez, és még több figyelmet igényel, és így tovább.

Látjuk tehát, hogy az eredeti fájdalmat, amely a pénz iránti szükséglethez kapcsolódott, ezerszeresére növeltük a további szükségletek és érdekek létrehozásával. Ez természetesen nem jelenti azt, hogy a cégvezetés vagy a pénzkereset rossz vagy szükségtelen lenne. Azt kell ebből megérteni, hogy az egyre nagyobb szükségletek létrehozására irányuló vágy az, ami rossz.

Az eszköz összetévesztése a céllal

Ha valamilyen cél érdekében pénzt akarunk keresni, majd a pénz válik a célunkká, akkor kezdődik az őrület. Mert ilyenkor az eszköz céllá válik, a valódi célt pedig szem elől tévesztjük. És ismét megkezdődnek a gyötrelmeink. Ebben a világban mindenkinek van teljesítendő feladata. Most térjünk vissza az előző példánkhoz.

A családapának pénzt kell keresnie, hogy eltarthassa a családját. Beindít egy bizonyos vállalkozást, és a figyelmét elkezdik lekötni azok a részletek, amelyek sikeressé tehetik. Na már most, mi történik ilyenkor sok esetben egy idő után? A vállalkozás virágzik, és egyre több pénzt termel, amíg talán már meg is haladja azt a szintet, amelyre a férfi és a család igényei kielégítéséhez szükség lenne.

Ilyenkor a következő két dolog történhet. A férfi vagy elkezd pénzt keresni magának a pénznek a kedvéért, és a halmozásban lel valamilyen különös örömet, vagy esetleg a vállalkozás működtetésének hobbija megmarad, illetve fokozódik. Látjuk, hogy az eredeti szükségletek csillapítására – mert ez volt a cél – bevetett eszköz mindkét esetben önmagában céllá változott: a pénz vagy a vállalkozás maga lett a cél.

De az is előfordulhat, hogy új, felesleges szükségletek jelennek meg, és újabb erőfeszítéseket teszünk annak érdekében, hogy ezeket „dolgokkal" elégítsük ki. Bárhogyan történjen is, a figyelmünk mindenképpen elterelődik az Üdvösségről (amit mi természetünkből adódóan összetévesztünk az örömmel, mely utóbbi válik a célunkká). Ekkor az a cél, ami miatt tulajdonképpen beindítottuk a vállalkozásunkat, másodlagossá válik az állapotok vagy eszközök megteremtése vagy fokozása mellett. Az állapotok vagy eszközök megteremtése vagy fokozása mélyén pedig a rájuk irányuló vágy áll, amely egy izgalmi állapot vagy érzés, és egyben egy olyan múltbeli kép, ahol ezek az állapotok élvezetet okoztak.

A vágy természetes módon ezeknek az állapotoknak a megléte révén keresi a kielégülést: amikor ez teljesül, örömet érzünk; amikor pedig nem, megjelenik a fájdalom. És mivel az öröm, amint korábban már jeleztük, a vágyból születik, és átmeneti dolgokhoz kapcsolódik, izgatottsághoz és fájdalomhoz vezet ott, ahol az adott dolgok megszűnnek. Így kezdődnek a gyötrelmeink.

Röviden: a vállalkozás eredeti céljától, azaz a fizikai szükségletek csillapításától elfordulunk az eszközök – legyen az akár a vállalkozás, akár az abból származó vagyon felhalmozása – vagy néha új szükségletek létrehozása felé; és mivel mindebben örömünket leljük, a fájdalom felé sodródunk, hiszen ez – amint már rámutattunk – mindig az öröm közvetett eredménye.

És ami a pénzkeresetre igaz, az igaz a világ minden egyes cselekedetére. Valahányszor megfeledkezünk az igazi célunkról – az Üdvösség vagy a végezetül oda vezető állapot, feltétel vagy életmód elérése –, és a figyelmünket azoknak a dolgoknak szenteljük, amelyeket tévesen az Üdvösség eszközeinek vagy feltételeinek tekintünk, a szükségleteink és az izgalmi állapotunk fokozódni fog, mi pedig elindulunk a gyötrelem és fájdalom útján.

Soha nem szabad megfeledkeznünk a célunkról. Kerítést kell

emelnünk a szükségleteink köré. Nem szabad tovább növelnünk őket, mert ez csak gyötrelmet eredményez a végén. Mindezzel nem azt akarom mondani, hogy ne elégítsük ki alapvető szükségleteinket, amelyek az egész világgal való kapcsolatunkból erednek, vagy hogy váljunk henye álmodozókká vagy idealistákká, és feledkezzünk meg az emberiség fejlődésének támogatásában vállalt saját nélkülözhetetlen szerepünkről.

Összefoglalva: a fájdalom a vágyból – és közvetett módon az örömből – származik, amely lidércként csalogatja be az embereket a szükségletek mocsarába, ahol az örök gyötrelem vár rájuk.

Látjuk tehát, hogy minden nyomorúság a vágyban gyökerezik, ami pedig az Én elmével és testtel való azonosulásérzetének az eredménye. A mi teendőnk tehát az, hogy *az azonosulás érzetének megszüntetésével végezzünk a ragaszkodással.* Csak a ragaszkodás és az azonosulás kötelékeit kell elvágnunk. Teljes elménkkel, intellektusunkkal és testünkkel kell eljátszanunk a szerepünket a világ színpadán amit a Nagy Rendező ránk szabott, de a bensőnkben úgy kell megőriznünk érintetlenségünket és nyugalmunkat az öröm és a fájdalom tudatosságával szemben, ahogyan a színészek mindennap teszik a közönséges színházak színpadán.

Az Üdvösség-tudat a testtel való azonosulás végeztével jelenik meg

A szenvedélymentesség és az azonosulás megszüntetése hozza el bennünk az Üdvösség-tudatot. Amíg emberek vagyunk, mindenképpen lesznek vágyaink. Hogyan élhetjük hát meg emberként a saját isteni mivoltunkat? Először racionális vágyaid legyenek, majd igyekezz nemesebb dolgokra terelni azokat, és közben mindvégig az Üdvösséget próbáld elérni. Észre fogod venni, hogy egyéni ragaszkodásod különböző vágyakhoz kapcsolódó kötelékei automatikusan elszakadnak majd.

Vagyis az Üdvösség nyugodt középpontjából végezetül megtanulsz *lekapcsolódni* a saját kisszerű vágyaidról, és csak azokat fogod már érezni, amelyeket mintha egy nagy törvény sürgetne benned.

Így mondta ezt Jézus: „...ne az én akaratom, hanem a tiéd legyen!"[2] Amikor azt mondom, hogy a vallás egyetemes célja az Üdvösség elérése, akkor nem arra az Üdvösségre gondolok, amelyet általában örömnek neveznek, vagy arra az intellektuális elégedettségre, amely vágy és szükséglet kielégüléséből születik, és amely keveredik az izgalmi állapottal – erre szoktuk azt mondani, hogy kellemesen izgatottak vagyunk. Az Üdvösségben nincs izgalom, és az Üdvösség nem kontraszttudatosság: „A fájdalmamat vagy szükségletemet csillapítja ezeknek és ezeknek a tárgyaknak a jelenléte." Az Üdvösség a tökéletes békesség tudatossága – a betolakodó tudat szennyezésétől mentes nyugodt tudatállapot, ahol a nincs többé fájdalom.

Hadd mutassam be mindezt egy példán keresztül. Van egy sebem, és fájdalmat érzek; amikor meggyógyulok, örömet érzek. Ez az örömteli tudatosság magában foglal egy izgalmi állapotot vagy érzést, valamint azt az állandó gondolati tudatosságot is, hogy többé már nem érzem a sebfájdalmat.

Na most, az az ember, aki elnyerte az Üdvösséget, még ha fizikai sebet kap is, amikor meggyógyul, azt fogja érezni, hogy ama békesség állapotát nem zavarta meg az sem, amikor megvolt a sebe, és nem is nyerte vissza azáltal, hogy meggyógyult. Azt érzi, hogy áthalad egy fájdalom-öröm univerzumon, amelyhez valójában nem köti semmi, és amely nem zavarhatja meg és nem is emelheti ezt a békességes vagy Üdvösséges állapotot, amely mindeközben megállás nélkül áramlik benne. Az Üdvösség ezen állapota mentes az örömmel és fájdalommal járó vonzódásoktól és izgatottságtól.

Az Üdvösség-tudatnak van egy pozitív és egy negatív aspektusa. A negatív aspektusa az, hogy nincs meg benne az öröm-fájdalom tudatossága; a pozitív pedig az, hogy ez egy felsőbb nyugalom olyan transzcendens állapota, amely magában foglalja egy hatalmas kiterjedés és a „minden Egyben és Egy mindenben" tudatosságát. Megvannak a maga fokozatai. Az, aki kitartóan kutatja az igazságot, megízlelheti; a látó vagy próféta feltöltődik vele.

2 Luk 22:42

Mivel az öröm és a fájdalom a vágyban és a szükségletben gyökereznek, az lenne a kötelességünk – ha el akarjuk nyerni az Üdvösséget –, hogy az Üdvösségre magára (amely saját természetünk) irányuló vágyon kívül minden egyéb vágyunkat elűzzük. Ha minden fejlődést – legyen az tudományos, társadalmi vagy politikai – ez az egyetlen egyetemes cél (a fájdalom megszüntetése) irányít, akkor miért kell bevonnunk egy idegen valamit (az örömet), és megfeledkeznünk arról, hogy tartósan a békességben vagy Üdvösségben kellene maradnunk?

Az, aki élvezettel merül el a saját egészsége feletti örömben, néha elkerülhetetlenül érezni fogja a megrendült egészséggel járó fájdalmat, mert az öröme egy elmebeli állapoton – nevezetesen az egészség fogalmán – alapul. Nem rossz dolog a jó egészség, és az sem baj, ha törekszünk rá. Ha azonban ragaszkodunk hozzá, ha befolyással van a bensőbb énünkre, az kifogásolandó. Mert ha így vagyunk vele, akkor vágy kerített a hatalmába, az pedig gyötrelemhez vezet.

Az egészséget nem a vele járó örömért kell keresnünk, hanem azért, mert lehetségessé teszi, hogy végezzük a kötelességünket, és elérjük a célunkat. Előbb vagy utóbb pedig mindenképpen meg fogja érinteni az ellentétes állapot, a betegség. Az Üdvösség azonban nem függ semmilyen konkrét külső vagy belső állapottól. *Ez a Szellem természetes állapota.* Ezért nincs helye az attól való félelemnek, hogy egy ellentétes állapot megcáfolhatja. Örökké, folyamatosan áramlik kudarcban vagy sikerben, egészségben vagy betegségben, bőségben vagy szegénységben.

3. RÉSZ

Isten mint Üdvösség

Minden tettek közös mozgatórugója

A fájdalomra, örömre és Üdvösségre vonatkozó, imént említett pszichológiai elemzés a következő két példa segítségével megvilágítja majd a legfőbb közös szükséggel és az Istenséggel kapcsolatos felfogásomat, amelyet a könyv elején közbevetőleg már érintettem.

Az elején megállapítottam, hogy ha közelről megfigyeljük az emberek cselekedeteit, meglátjuk, hogy az egyetlen alapvető és egyetemes mozgatóerő, amely az embert cselekvésre készteti, az a fájdalom elkerülése, és ebből következően az Üdvösség vagy Isten elérése. A mozgatóerő első része, a fájdalom elkerülése olyasmi, amit – ha megfigyeljük a világban végrehajtott minden jó és rossz cselekedet motivációit – nem tagadhatunk.

Vegyük például egy olyan ember esetét, aki öngyilkos akar lenni, és egy igazán vallásos emberét, aki szenvtelenül áll a világ dolgaival szemben. Kétség nem férhet hozzá, hogy mindketten szeretnének megszabadulni az őket zavaró fájdalomtól; mindketten szeretnék örökre megszüntetni a fájdalmat. Hogy sikerrel járnak-e vagy sem, az más kérdés, de a mozgatórugóikat tekintve egységben vannak.

De vajon a világban végrehajtott minden tettet *közvetlenül* az a vágy hajtja, hogy elérjük az örök Üdvösséget vagy Istent, ami minden tettek közös mozgatórugójának a második része? A gonosztevő közvetlen motivációja is az Üdvösség elnyerése lenne? Aligha! Ennek az okára az örömmel és Üdvösséggel foglalkozó részben már rámutattam. Kiderült, hogy mivel a spirituális Én azonosult a testtel, úrrá lett rajta a szokás, hogy elmerüljön a vágyaiban, és ennek következtében szükségleteket hozott létre. Ezek a vágyak és szükségletek pedig, amennyiben beteljesületlenek maradnak, fájdalomhoz, ha pedig valamilyen külső tárgy révén kielégülnek, örömhöz vezetnek. Itt azonban az ember végzetes hibát követ el. Amikor egy szükséglet kielégül, az kellemes izgalommal jár, és – milyen szomorú tévedés! – az ember ilyenkor csakis erre az izgalmat kiváltó tárgyra összpontosít, és feltételezi, hogy ez a legfőbb oka az örömének. Teljességgel megfeledkezik arról, hogy korábban a saját elméjében keletkezett egy izgalmi állapot vágy vagy szükséglet formájában, később pedig egy másik, az előzőt felülíró izgalmi állapot jött létre az elméjében öröm formájában, amelyet már a tárgyak megjelenése generált. Tehát tulajdonképpen megjelent egy izgalmi állapot az elméjében, majd egy újabb izgalmi állapot lépett a helyébe ugyanott, szintén az elméjében.

A külső tárgyak csak alkalmak – nem okok. A szegény ember finomságok utáni vágyát kielégítheti egy hétköznapi édesség, és ez a beteljesülés örömet okozhat neki. A gazdag ember finomságok utáni vágyát azonban talán csak a legrafináltabb és legjobb cukrászsütemények elégíthetik ki, de ez a beteljesülés is csak ugyanakkora örömöt okoz. Akkor tehát az öröm a külső tárgyaktól vagy az elme állapotától függ? Nyilvánvalóan az utóbbi az igaz.

Az öröm azonban, amint mondtam, izgalmi állapot. És soha nem lehet indokolt egy vágyban lelt izgalmi állapotot egy másik, nevezetesen az örömben lelt izgalmi állapottal csillapítani. Mivel ezt tesszük, az izgalom soha nem csillapodik, ennélfogva pedig a fájdalmunk és gyötrelmünk sem érhet véget.

Csak az Üdvösség-tudat csillapíthatja hatékonyan az izgalmi állapotot

A mi feladatunk az, hogy *lecsillapítsuk* a vágyban rejlő izgalmi állapotot, nem pedig az, hogy élesztgessük vagy az örömben lelt izgalommal folyamatossá tegyük. Ezt a csillapodást hatékonyan csak az Üdvösség-tudaton keresztül érhetjük el; nem érzéketlenség ez, hanem egy olyan felsőbb szint, amely közömbös mind a fájdalom, mind az öröm iránt. Minden emberi lény a vágy kielégítésén keresztül próbálja elnyerni az Üdvösséget, de hibásan megáll az örömnél; ezért aztán a vágyai soha nem érnek véget, és elragadja a fájdalom örvénye.

Az öröm veszélyes lidérc, mégis az örömérzettel való társítás az, ami későbbi tetteink mozgatóerejévé válik. Pontosan ugyanolyan csalókának bizonyul, mint a délibáb a sivatagban. Mivel az öröm, amint már említettem, magában foglal egy izgalmi tudatosságot, és azt a kontraszttudatot, hogy a fájdalom most már megszűnt, amikor az Üdvösség helyett ezt keressük, a tudatlan létezés olyan körforgásába készülünk fejest ugrani, amely soha véget nem érő folyamatban hozza elénk az örömöt és a fájdalmat. Borzalmas ínségbe süllyedünk azáltal, ha az Üdvösségről az öröm felé fordítjuk a tekintetünket.

Ezért láthatjuk, hogy bár az emberiség valódi célja a fájdalom elkerülése és az Üdvösség elnyerése, az ember egy végzetes hibának köszönhetően, a fájdalom elkerülésén fáradozva valami csalfa dolgot követ, amelyet örömnek nevez, mert összetéveszti az Üdvösséggel.

Hogy az Üdvösség, nem pedig az öröm elnyerése az egyetemes és legmagasabb szükséglet, azt közvetetten bizonyítja az a tény, hogy az ember soha nem elégedett az öröm egyetlen tárgyával. Mindig váltogatja, cserélgeti őket: pénzt ruhára, ruhát ingatlanra, majd később hitvesi örömökre – a folyamat végeérhetetlen. Ezért aztán állandóan fájdalommal találkozik, akkor is, ha próbálja elkerülni azáltal, hogy az általa helyesnek ítélt módon és eszközökkel él. Egy ismeretlen és kielégítetlen vágyakozás mintha örökké megmaradna a szívében.

A vallásos ember azonban (az általam javasolt második példa megtestesítője) mindig a megfelelő vallásos eszközöket igyekszik elsajátítani, amelyek révén kapcsolatba kerülhet az Üdvösséggel vagy Istennel.

Amikor azt mondom, hogy Isten az Üdvösség, azt természetesen úgy is értem, hogy ő örökkévaló, és hogy egyben *tudatában van* a saját üdvözítő létezésének. Amikor pedig az örök Üdvösséget vagy Istent szeretnénk elérni, abban benne van az is, hogy az Üdvösséggel egyúttal az örök, halhatatlan, változhatatlan, örökké tudatos létezést is keressük. Az, hogy mindnyájan, a legalacsonyabbtól a legmagasabbig mind Üdvösségben kívánunk élni, *a priori* bizonyított tény, amelyet az emberek motivációinak és tetteinek a vizsgálata is alátámaszt.

Most ismételjük át a fenti érvelést valamelyest átfogalmazva: tegyük fel, hogy idejön hozzánk valamilyen magasabb szintű lény, és ezeket a szavakat intézi a Földön lakó emberekhez: „Világ teremtményei! Örök szomorúságot és gyötrelmet adok nektek az örökléthez – kéritek?" Tetszene bárkinek is ez a kilátás? Senkinek nem tetszene. Mindenki örök Üdvösséget (*Ánanda*) akar az öröklét (*Szat*) mellé. Ha végiggondoljuk a világ mozgatóerőit, lényegében akkor is azt látjuk, hogy senki nincs, aki ne az örök Üdvösségre vágyna.

Hasonlóképpen, a megsemmisülés kilátása senkit nem vonz; ha felmerül, a puszta gondolatára is megborzongunk. Mindenki folyamatos létezésre (*Szat*) vágyik. Ha pedig öröklétet kapnánk, de a létezés *tudatossága* nélkül, azt is elutasítanánk. Mert ugyan ki örülne a gondolatnak, hogy álmában létezzen? Senki. Mind tudatos létezést szeretnénk.

Összefoglalva: örök, üdvözítő, tudatos létezésre vágyunk, azaz a *Szat-Csit-Ánandá*ra (Létezés-Tudatosság-Üdvösség). Ez Isten hindu neve. Itt azonban, kizárólag gyakorlati megfontolásból, most Isten üdvözítő aspektusát és a mi Üdvösségre törekvésünket szeretnénk hangsúlyozni, és elhagyjuk a *Szat* és a *Csit*, vagyis a *tudatos létezés* aspektusokat (egyéb további isteni jellemzőkkel egyetemben, amelyekkel itt nem foglalkozunk).

Mi Isten?

Tehát mi Isten? Ha Isten nem lenne azonos az Üdvösséggel, és a vele való érintkezés nem hozná el számunkra az Üdvösséget, vagy csak fájdalomra vezetne, vagy ha a hozzá való kapcsolódás nem űzné el tőlünk a fájdalmat, akkor is őt keresnénk? Nem. Ha Isten haszontalan lenne számunkra, nem lenne rá szükségünk. Mi haszna egy olyan Istennek, aki mindig ismeretlen marad, és akinek a jelenléte nem nyilvánul meg számunkra életünk legalább néhány körülményében?

Akármilyen Isten-felfogást alkossunk is magunknak az értelmünk révén (például, hogy Isten transzcendens vagy immanens), az mindig homályos és határozatlan marad, hacsak valóban át nem érezzük. Valójában biztonságos távolságban tartjuk Istent: néha pusztán személyes lényként fogjuk fel, néha pedig újra *elméleti* úton gondolunk rá úgy, mint bennünk létezőre.

Isten-felfogásunk és -tapasztalásunk e homályossága, bizonytalansága az oka annak, hogy nem tudjuk megérteni az Ő valódi szükségességét és a vallás gyakorlati értékét. Ez a színtelen elmélet vagy felfogás nem hordoz elegendő meggyőzőerőt. Nem változtatja meg az életünket, nem hat pozitívan a viselkedésünkre, és nem hajt minket Isten megismerése felé.

Isten létezésének bizonyítéka magunkban keresendő

Mit mond az egyetemes vallás Istenről? Azt mondja, hogy Isten létezésének bizonyítéka bennünk magunkban rejlik. Belső tapasztalás. Biztosan fel tudsz idézni legalább egy olyan pillanatot az életedből, amikor imádság közben azt érezted, hogy a tested korlátai szinte eltűntek, és a tapasztalás kettőssége – öröm és fájdalom, kicsinyes szeretet és gyűlölet, és így tovább – elhalványult az elmédben. Tiszta Üdvösség és békesség költözött a szívedbe, és élvezettel merültél el a háborítatlan nyugalom – az Üdvösség és elégedettség – érzésében.

Bár ez a magasabb tapasztalás nem gyakran érint meg mindenkit, kétség nem férhet hozzá, hogy élete során valamikor, imádság vagy istentisztelet vagy akár meditáció közben, mindenki élvezte már a zavartalan béke pillanatait.

Hát nem Isten létezésének bizonyítéka-e ez? Milyen közvetlen bizonyítékot mutathatnánk fel Isten létezésével és természetével kapcsolatban, ha nem a valódi imádság vagy istentisztelet során bennünk létező Üdvösséget? Mindemellett Isten létezése kozmológiailag is igazolható – az okozattól az ok felé, a világtól a Világalkotó felé emelkedve. És itt van a teológiai bizonyíték is – a világban megmutatkozó *telosz*tól (terv, alkalmazás) a tervet és alkalmazást készítő Legmagasabb Intelligencia felé emelkedve. És ne feledjük az erkölcsi bizonyítékot sem, amely a lelkiismerettől és a tökéletességtudattól a Tökéletes Lény felé emel, akinek felelősséggel tartozunk.

Be kell látnunk ugyanakkor, hogy ezek a bizonyítékok többé-kevésbé logikai levezetések eredményei. Az intellektus, a tudás korlátolt erői segítségével nem ismerhetjük meg Istent közvetlenül vagy a maga teljességében. Az intellektus csak részleges és közvetett rálátást nyújthat a dolgokra. Amikor intellektuálisan vizsgálunk valamit, azt nem úgy látjuk, hogy közben egyek vagyunk vele; miközben nézzük, különállunk tőle. Az intuíció azonban, amelyről később még lesz szó, közvetlenül elvezet az igazsághoz. Ebben az intuícióban valósul meg az Üdvösség-tudat vagy Isten-tudat.

Halvány kétségünk sem lehet az Üdvösség-tudat és az Isten-tudat abszolút identitása felől, hiszen amikor ebben az Üdvösség-tudatban vagyunk, úgy érezzük, hogy szűk individualitásunk átalakult, és mi a kicsinyes szeretet és gyűlölet, öröm és fájdalom fölé emelkedtünk, és egy olyan szintre értünk, ahonnan a mindennapi tudatosság fájdalmassága és értéktelensége szembeszökő.

Ugyanakkor azt érezzük, hogy a bensőnk kitágul, és megjelenik bennünk egy minden dolgokkal szembeni, hatalmas együttérzés. A világ zűrzavara elhal, az izgalmak megszűnnek, és ránk virrad a „minden Egyben és Egy mindenben" tudatossága. Dicsőségesen tündöklő fény jelenik meg. Minden tökéletlenség, minden sarkosság a semmibe süllyed. Mintha egy teljesen más területre, az örök Üdvösség forrásához, az egyetlen véget nem érő folyamatosság kezdőpontjához helyeztek volna minket. Nem egy és ugyanaz-e tehát az Üdvösség-tudat és az Isten-tudat, ahol a megvalósulás fenti állapotai megjelennek?

Ezért tehát nyilvánvaló, hogy ha megpróbáljuk belevonni Istent a mindenki által megtapasztalható békességbe, nem foghatjuk fel Őt jobban, mint Üdvösségként. Itt Isten többé már nem egy túlértelmezendő feltételezés. Hát nem nemesebb Isten-felfogás ez? Úgy fogjuk fel, mint aki a szívünkben mutatkozik meg meditáció – imádkozás vagy istentisztelet – során, Üdvösség formájában.

A vallás csakis akkor válik egyetemesen szükségessé, ha Istent Üdvösségként fogjuk fel

Ha így, tehát Üdvösségként tekintünk Istenre, akkor és csakis akkor tehetjük a vallást egyetemesen szükségessé. Mert azt senki nem tagadhatja, hogy el akarja nyerni az Üdvösséget; ha pedig megfelelőképpen akarja elérni ezt, akkor vallásos lesz azáltal, hogy Isten felé közeledik, és érzi Őt, akit a szívéhez annyira közelinek ír le, mint az Üdvösséget.

Az Üdvösség-tudat vagy Isten-tudat minden tettünket és hangulatunkat átjárhatja, ha hagyjuk. Ha ezt jól meg tudjuk ragadni, képesek leszünk minden emberi tett és mozgatórugó viszonylagos vallásos értékének megítélésére ezen a földön.

Ha egyszer meggyőződtünk róla, hogy a vallásunk, az úti célunk, a legvégső célunk ennek az Üdvösség-tudatnak az elnyerése, akkor minden kétségünk megszűnik a világ különböző vallásai számtalan és sokféle tanításának, rendelkezésének és tiltásának az értelmezésével kapcsolatban. Mindent a fejlődés azon fázisának a fényében fogunk értelmezni, amely az adott dologhoz kapcsolódik.

Az igazság előragyog, a létezés titka megoldódik, és fény derül életünk részleteire, a különböző cselekedetekkel és hajtóerőkkel együtt. Képesek leszünk leválasztani a meztelen igazságot a vallási doktrínák külső csecsebecséitől, és rálátunk azoknak a szabályoknak és konvencióknak az értéktelenségére, amelyek oly gyakran félrevezetik és megosztják az embereket.

Továbbá, ha így értelmezzük a vallást, akkor nem lesz olyan ember a világon – legyen az gyerek, fiatal vagy öreg –, aki ne gyakorolhatná azt, akárhol tartson is a maga életében diákként, munkásként, ügyvédként, orvosként, ácsként, tudósként vagy

Paramahansza Jógananda New York-ban, 1926-ban

Paramahansza Jógananda egyik első összejövetele az SRF
nemzetközi Los Angelesi központjában, 1925-ben

A Self-Realization Fellowship nemzetközi központja

akár emberbarátként. Ha a szükséglet érzésének eltörlése, és az Üdvösség elérése vallás, akkor ki ne akarna vallásos lenni, és ki ne próbálna egyre jobban azzá válni, ha megmutatják neki a helyes módszereket?

És itt nem merülne fel a vallások – Krisztusé, Mohamedé vagy Srí Krisnáé – sokszínűségének a kérdése. Mert a világon mindenki feltétlenül vallásos akarna lenni, és azzal válhatna még jobban azzá, hogy a megfelelő eszközöket a magáévá teszi. Itt nincs kasztok vagy hitvallások, szekták vagy hitek, ruházat vagy környezet, kor vagy nem, foglalkozás vagy pozíció szerinti megkülönböztetés. Mert a vallás egyetemes.

Ha azt mondanád, hogy a világon minden embernek Megváltóként kell elismernie Srí Krisnát, azt vajon elfogadnák a keresztények vagy a mohamedánok? Ha mindenkit arra kérnél, hogy Jézust fogadja el az Úrként, vajon a hinduk és a mohamedánok megtennék? És ha mindenkinek megparancsolnád, hogy prófétaként fogadja el Mohamedet, mit szólnának ehhez a keresztények és a hinduk?

Ha azonban ezt mondanád: „Ó, keresztény, mohamedán és hindu testvéreim, a ti Uratok, Istenetek az Örök Üdvözítő Tudatos Létezés (Lény)", miért ne fogadnák el mindnyájan? Lehet ezt egyáltalán elutasítani? Nem Őt fogják-e az Egyetlennek kikiáltani, aki minden szenvedésüknek véget vethet?

Azzal sem lehet kibújni ez alól a következtetés alól, ha azt mondjuk, hogy a keresztények, hinduk és mohamedánok nem tekintik Jézust, Krisnát vagy Mohamedet az ő Istenüknek – mert őt tekintik Isten egyetlen minőség-hordozójának, az istenség emberi megtestesülésének. És mi van akkor, ha az ember így gondolkodik? Nem Jézus, Krisna és Mohamed fizikai teste az, ami elsősorban érdekel minket, és nem is a történelemben elfoglalt szerepük az igazán fontos.

Nem is csak azért emlékezetesek számunkra, mert különböző és érdekes módon prédikálták az igazságot. *Azért tiszteljük őket, mert ismerték és érezték Istent.* Ez a tény az, ami érdekes számunkra az ő történelmi létezésükben, és abban, ahogyan változatos utakon-módokon kifejezték az igazságot. Nem mindnyájan az Üdvösségként jelenítették-e meg Istent, és fedték fel a valódi áldásosságot igaz isteni természetként? Nem fejezi-e ki ez eléggé az őket átfogó egységet – nem beszélve az Istenség egyéb aspektusairól és igazságáról, amelyeket szintén megjeleníthettek és kifejezhettek? Nem kellene-e egy kereszténynek, egy hindunak és egy mohamedánnak érdeklődnie egymás prófétái iránt? Hiszen ezek a próféták mind elérték az Isten-tudatot. Ahogyan Isten egyesít minden vallást, az Ő Üdvösségeként való megnyilvánulása egyesíti minden vallás prófétáinak a tudatosságát.[1]

Spirituális törekvéseink Istenben vagy az Üdvösség-tudatban találnak beteljesedésre

Nem szabad úgy tekintenünk erre az Isten-felfogásra, mint egy túlságosan is elvont elméletre, amelynek semmi köze nincs spirituális reményeinkhez és törekvéseinkhez, amelyek személyesebb Isten-felfogást igényelnének. Nem egy szélesen értelmezett személytelen lényről, és nem is egy szűkebben vett személyes lényről van itt szó.

Isten nem személy, legalábbis nem olyan értelemben véve, ahogyan mi azok vagyunk a magunk korlátaival. Lényünk, tudatosságunk, érzéseink és akaratunk csupán árnyként emlékeztet az Ő Lényére (Létezésére), Tudatosságára és Üdvösségére. Ő transzcendens értelemben személy. A mi lényünk, tudatosságunk és érzéseink korlátozottak és tapasztalatiak; az Övéi határtalanok és transzcendensek. Van egy személytelen és abszolút aspektusa, de nem szabad úgy gondolnunk rá, mint akit nem lehet megtapasztalni – még belülről sem.

1 Az Üdvösség-tudat az úgynevezett ateista vallásokban is megjelenik, mint amilyen például a buddhizmus. A buddhista *nirvána* nem a „fény ellobbanása" és a létezés megszűnése, ahogyan azt számos nyugati szerző tévesen feltételezi. Sokkal inkább egy olyan állapot, ahol a szűk individualitás kitörlődik, és megjelenik az egységességben lévő, transzcendens nyugalom. Pontosan ez következik be a magasabb Üdvösség-tudatban, csak a buddhistáknál Isten neve nem kapcsolódik hozzá.

Mindenki békesség-tapasztalásában Ő jön el. Az Üdvösség-tudatban Őt foghatjuk fel. Létezésének nem lehet egyéb közvetlen bizonyítéka. Benne mint az Üdvösségben találnak beteljesedésre spirituális reményeink és törekvéseink, odaadásunk és szeretetünk pedig megleli tárgyát.

Nincs szükség arra, hogy olyan személyes lényként gondoljunk rá, aki hozzánk hasonló, csak sokkal nagyobb. Isten bármi lehet, és bármivé válhat – lehet személyes és személytelen, végtelenül irgalmas, mindenható és így tovább. De nem szükséges megjegyeznünk mindezt. Akármilyen felfogással közelítsünk is hozzá, az pontosan megfelel a célunknak, reményeinknek, törekvéseinknek és tökéletesedésünknek.

Azt se gondoljuk, hogy ez az Isten-felfogás álmodozó idealistákká tesz majd minket, és eltávolít a feladatainktól és kötelezettségeinktől, örömeinktől és bánatainktól, a gyakorlati világtól. Ha Isten az Üdvösség, és mi az Ő megismerése érdekében keressük az Üdvösséget, nem hanyagolhatjuk el világi feladatainkat és kötelezettségeinket. Mert ezek teljesítése közben is érezhetjük az Üdvösséget, hiszen túlmutat rajtuk, ezért ezek nem hathatnak vissza rá. Az Üdvösségben felemeljük a világ örömeit és bánatait, de nem lépünk át annak a szükségén, hogy elvégezzük ránk szabott világi feladatainkat.

Az Önmagát megvalósító ember tudja, hogy Isten a Cselekvő; minden erőnk, amellyel a tetteinket hajtjuk végre, Őbelőle származik. Az, aki a maga spirituális Énjében összpontosul, érzi, hogy ő minden tettek szenvtelen szemlélője – akár lát, hall, érez, szagol, ízlel, akár egyéb földi tapasztalásnak veti alá magát. Az ily módon az Üdvösségbe merült ember Isten akarata szerint éli az életét.

Ahol a ragaszkodásmentességet gyakorolják, ott köddé válik a kicsinyes egoizmus. Érezzük, hogy eljátsszuk a ránk szabott szerepet a világ színpadán, de a bensőnket nem érinti a szerep eljátszásával járó jó és balsors, szeretet és gyűlölet.

Az élet hatalmas drámája

Bizony a világ minden jellegét tekintve színpadhoz hasonlítható. A rendező kiválasztja, hogy kik segítenek majd neki egy bizonyos színdarab előadásában. Kiosztja a szerepeket az egyes személyekre, akik mind az ő rendezői utasításai szerint dolgoznak. A rendező valakit királlyá, valakit lelkésszé, valakit szolgává, másvalakit hőssé tesz, és így tovább. Az egyik embernek szomorú, a másiknak örömteli szerepet kell játszania.

Ha mindenki a rendező utasításai szerint játssza a szerepét, akkor a színdarab, az egymást váltogató komikus, komoly és szomorú felvonásokkal, sikeres lesz. A jelentéktelen statisztaszerepek is nélkülözhetetlen helyet kapnak a drámában.

A színdarab sikere az egyes szerepek tökéletes játékán alapul. Minden egyes színész élethűen játssza a maga szomorú vagy akár örömteli szerepét, és minden külső látszat azt mutatja, hogy a szerep hatása alá kerül; belül azonban mégsem változtat rajta sem a szerep, sem az eljátszott szenvedélyek: a szeretet, a gyűlölet, a vágy, a rosszindulat, a büszkeség vagy az alázat.

Ha azonban egy színész a szerepét játszva azonosítja magát egy bizonyos helyzettel vagy egy színdarabban kifejezett érzelemmel, és elveszíti saját individualitását, akkor az a legkevesebb, hogy bolondnak nézik. Az alábbi történettel szeretném megvilágítani ezt az állítást.

Egy gazdag ember házában egyszer színpadra állították a *Rámájanát*[2]. A játék során kiderült, hogy az a férfi, akinek Hanumán (egy majom), Ráma[3] hű szolgájának szerepét kellett játszania, eltűnt. A zavarodott rendező első pillantása egy csúf, együgyű fickóra, név szerint Nilkamálra esett; nyomban el is határozta, hogy őt állítja be Hanumán szerepébe.

Nilkamál először nem akart kötélnek állni, de végül csak rákényszerítették, hogy színpadra lépjen. Csúf megjelenése hangos

2 Az ősi szanszkrit nyelven írt, és ugyanezt a címet viselő epikus ciklus színpadi változata. *(A kiadó megjegyzése)*
3 A *Rámajána* központi istenalakja. *(A kiadó megjegyzése)*

nevetést váltott ki a nézőkből, akik boldog „Hanumán! Hanumán!" kiáltásokkal üdvözölték a férfit.

Ez sok volt Nilkamálnak. Elfelejtette, hogy csak szerepet játszik, és elkeseredésében felbődült:

– Miért neveznek engem Hanumánnak, uraim? Miért nevetnek rajtam? Én nem Hanumán vagyok. Csak a rendező utasítására jelentem meg így Önök előtt.

Összetett világunkban az életünk nem más, mint szerepek egymásutánja. De sajnos azonosulunk a színdarabbal, és ezért érzünk csömört, szomorúságot és örömet. Megfeledkezünk a Nagy Rendező utasításairól és rendelkezéseiről. Miközben éljük az életünket – játsszuk a szerepeinket –, minden bánatunkat és örömünket, szeretetünket és gyűlöletünket valóságosnak érezzük, más szóval ragaszkodni fogunk hozzá, a hatása alá kerülünk.

Ennek a világban játszódó színdarabnak sem kezdete, sem vége nincs. Mindenkinek szíves örömest kell játszania a szerepét, amelyet a Nagy Rendező szabott ki rá; csakis a játék kedvéért kell játszania; szomorúan kell játszania, amikor szomorú részekhez ér a színdarab, és örülnie kell az örömtelibb felvonásokban, de belül soha nem szabad azonosulnia a játékkal.

Nem szabad továbbá mások szerepére vágyni. Ha a világon mindenki a király szerepét játszaná, a játék azon nyomban érdektelenné és értelmetlenné válna.

Az, aki elérte az Üdvösség-tudatot, *érzi*, hogy a világ színpad, és legjobb tudása szerint alakítja a maga szerepét, mert nem feledi a Nagy Rendezőt, Istent, és tudja és érzi az Ő tervét és rendezését.

4. RÉSZ

Négy alapvető vallási módszer

A vallási módszerek szükségessége

Az 1., 2. és 3. részben láttuk, hogy végső soron a spirituális Én testtel és elmével való azonosulása eredményezi a fájdalmat, a szenvedést és a korlátainkat; valamint hogy e miatt az azonosulás miatt élünk át olyan izgalmi állapotokat, mint a fájdalom és az öröm, és megyünk el észrevétlenül az Üdvösség állapota vagy az Isten-tudat mellett. Megtudtuk továbbá, hogy a vallás alapvetően az ilyen fájdalom elkerüléséből és a tiszta Üdvösség vagy Isten kereséséből áll.

Ahogyan a nap valódi képét sem foghatjuk fel a mozgásban lévő víz tükrében, ugyanúgy a spirituális Énnek – az Egyetemes Szellem tükröződésének – az igaz, üdvözítő természete sem érthető meg azok miatt a nyughatatlan hullámok miatt, amelyeket az énnek a test és az elme változó állapotaival való azonosulása kelt. Ahogy a hullámok mozgása eltorzítja a nap valódi képét, úgy torzítja el az elme háborgó állapota – az azonosulás miatt – a belső Én örök üdvösséget hordozó, igaz természetét.

Ebben a fejezetben azokat a legkönnyebb, leglogikusabb és legalapvetőbb, mindenki számára praktikus módszereket fogjuk sorra venni, amelyek képesek kiszabadítani az örök üdvösséget hordozó spirituális Ént az átmeneti testtel és elmével való kártékony azonosulás kötelékeiből, és ezáltal segítenek neki a vallás gyakorlásában – azaz végleg megszabadulni a fájdalomtól, és elnyerni az Üdvösséget.

Következésképpen az itt felsorolt alapvető módszerek vallásosak és vallásos tetteket foglalnak magukban, mert csak ezek révén szabadulhat meg a spirituális Én a testtel és elmével való azonosulásától és közvetetten a fájdalomtól, és lesz képes elérni az örök Üdvösséget vagy Istent.

„Isten Fia" és az „ember Fia"

Amikor Krisztus az „Isten Fiának" nevezte magát, a benne lakozó Egyetemes Szellemre gondolt. János evangéliuma 10. részének 36. sorában Jézus ezt mondja: „Arról... a kit az Atya megszentelt és elküldött e világra... azt mondám: Az Isten Fia vagyok."

Máskor azonban, amikor Krisztus egy másik kifejezést – az „ember Fia" – használt, azt a fizikai testére értette, és arra, hogy ember nemzette; a húsra, amely egy másik emberi lényből született meg. Máté evangéliuma 20. részének 18-19. sorában például így szól Jézus a tanítványaihoz: „Ímé, felmegyünk Jeruzsálembe, és az embernek Fia átadatik a főpapoknak... És a pogányok kezébe adják őt, hogy... keresztre feszítsék."

János evangéliuma 3. részének 5-6. soraiban Krisztus azt mondja: „Ha valaki nem születik víztől (az *Aum* vagy *Ámen* óceáni rezgése, a Szentlélek, az a Láthatatlan Forrás, amely minden teremtést fenntart; Isten a maga immanens teremtői aspektusában) és Lélektől, nem mehet be az Isten országába. A mi testtől született, test az; és a mi Lélektől született, lélek az." Ez azt jelenti, hogy ha nem vagyunk képesek *meghaladni* a testet, és Szellemként magunkra eszmélni, akkor nem léphetünk be az Egyetemes Szellem királyságába vagy állapotába.

Ez a gondolat visszhangzik a hindu szent iratok egyik szanszkrit verspárjában: „Ha meg tudod haladni a tested, és képes vagy Szellemként látni önmagad, örök üdvösség vár, és megszűnik minden fájdalmad."

Na mármost, *négy* olyan alapvető, egyetemes vallásos módszer létezik, amelyek, ha a mindennapi életedet ezek szerint éled, idővel megszabadítják a spirituális Ént testi és mentális edényeinek béklyóitól. A vallásos módszerek e négy osztályán belül fel fogom sorolni az összes lehetséges vallásos gyakorlatot, amelyet valaha bármely szent vagy tudós vagy isteni próféta végzett.

A szektaszellem eredete

A vallásos gyakorlatokat a próféták nevelik belénk doktrínák formájában. Azok a korlátolt szellemi képességekkel rendelkező emberek, akik nem képesek megfelelően értelmezni ezeket a doktrínákat, a külsőleges jelentésüket fogadják el, és fokozatosan a formák, konvenciók és merev szabályok csapdájába esnek. Innen ered a szektaszellem vagy szektarianizmus.

A szombati pihenőnapot helytelenül úgy értelmezték, hogy minden munkától – még a vallásos gyakorlatoktól is – tartózkodni kell. Ez a korlátolt felfogóképességgel rendelkező emberekre veszélyes. Nem szabad megfeledkeznünk arról, hogy nem mi vagyunk a szombatért, hanem a szombat van értünk; nem mi vagyunk a szabályokért, hanem a szabályok vannak értünk – és velünk együtt változnak. A szabály lényegéhez kell tartanunk magunkat, nem pedig dogmatikusan a formaságaihoz.

A formák és szokások változása és változatossága okozza a vallások különbözőségét. Minden próféta minden doktrínájának a legmélyebb lényege azonban gyakorlatilag egy és ugyanaz. A legtöbb ember ezt nem érti.

A magas intellektussal bírókat is fenyegeti azonban veszély: ők kizárólag az eszükkel, intellektuális munkával akarják megérteni a Legmagasabb Igazságot; a Legmagasabb Igazság azonban csak ráeszmélés révén ismerhető meg. A ráeszmélés vagy felismerés pedig más, mint a puszta megértés. A cukor édességét sem lennénk képesek ésszel felfogni anélkül, hogy meg ne kóstolnánk. Ugyanígy a vallásos tudás is az ember lelkének legmélyebb tapasztalásaiból húzható elő. Erről gyakran megfeledkezünk, amikor Istenről, vallásos dogmákról és a moralitásról akarunk minél többet tanulni. Ritkán próbáljuk a belső vallásos tapasztalásunkon keresztül megismerni ezeket a dolgokat.

Kár, hogy a nagy intellektussal rendelkezők, akik sikeresen alkalmazzák a logikát a természettudományok és egyéb tudományterületek mélyebb igazságainak felfedezéséhez, úgy vélik, hogy a legmagasabb vallásos és erkölcsi igazságokat is csak intellektuálisan képesek felfogni. Szintén sajnálatos tény, hogy ezeknek az embereknek az intellektusuk vagy logikájuk ahelyett, hogy a segítségükre lenne, gyakran éppen gátolja őket abban, hogy úgy ismerjék meg a Legmagasabb Igazságot, ahogyan az egyedül lehetséges: hogy megéljék az életükben.

És most nézzük végig a vallásos fejlődést meghatározó négy módszert.

NÉGY ALAPVETŐ VALLÁSI MÓDSZER

1. Az intellektuális módszer

Az intellektuális módszer általánosan alkalmazott, természetes módszer, amely a végcél elérése tekintetében nem túl hatékony.

Az intellektuális fejlődés és növekedés mindig is természetes volt, ezért minden értelmes lényre jellemző. Öntudatos értelmünk különböztet meg minket az alacsonyabb rendű, tudatos, de nem öntudatos állatoktól.

A fejlődés lépcsőin és folyamataiban megfigyelhetjük, amint ez a tudatosság öntudattá válik – az állati tudatosságból emelkedik ki az öntudat. A tudatosság fokozatosan próbál elszabadulni, és magán keresztül megismerni önmagát; így változik át öntudattá. A változás evolúciós szükségszerűség. Ugyanennek az evolúciós tendenciának köszönhetjük az intellektuális keresés felé hajtó egyetemes ösztönző erőt. A spirituális Én – a különböző fokú és típusú testi és mentális állapotokkal azonosulva – fokozatosan és természetes módon önmagán keresztül próbál visszatérni önmagához.

A tudatos gondolkodási folyamat fejlődése a spirituális Én által alkalmazott azon módszerek egyike, amelyeknek a segítségével a test és az elme béklyói fölé próbál emelkedni. A spirituális Én azon erőfeszítése, amelynek a révén, a gondolkodási folyamat fejlődésén keresztül, vissza akar térni önmagához (a maga elveszett állapotába), természetes. Ez a világ természetes folyása.

Az Egyetemes Szellem megmutatkozik a fejlődés különböző lépcsőfokain, az alsóbbaktól a felsőbbekig. A kőben és a földben nincs a mi felfogásunk szerinti élet vagy tudatosság. A fákban megvan a vegetatív növekedés, az élet egyfajta megközelítése, de ez az élet akadályozott, és egyáltalán nem jellemzi a tudatos gondolkodás folyamata. Az állatokban van élet, és van az életre vonatkozó tudatosság is. Az emberben – a csúcspontban – van élet, van erre vonatkozó tudatosság, és itt megvan az Énre vonatkozó tudatosság, azaz az öntudat is.

Ezért természetes az ember számára, hogy a gondolkodáson és a logikus gondolkodáson keresztül fejlessze magát; hogy tanulmányozza a könyveket, eredeti kutatómunkát folytasson, és szorgalmasan tanulmányozza a természeti világ ok-okozati öszszefüggéseit.

Minél jobban elmélyül az ember a gondolkodás folyamatában, annál inkább elmondhatjuk róla, hogy alkalmazza azt a „módszert", amely által a világ evolúciós fejlődése során azzá vált, ami (a módszert, amelynek során a tudatosság öntudattá fejlődik), és – tudatosan vagy öntudatlanul – annál jobban megközelíti az Ént, *mert gondolkodás közben felülemelkedünk a testünkön.*

Ha körültekintően alkalmazzuk ezt a módszert, biztosan számíthatunk eredményre. A gondolkodás gyakorlása a tanulásban, amikor egy-egy adott területen kívánjuk gyarapítani a tudásunkat, bizonyos mértékben fokozza az öntudatosságot, de nem annyira hatékonyan, mint az a gondolkodási folyamat, amelynek egyetlen tárgya a test meghaladása, és az igazság meglátása.

Indiában az intellektuális módszer legmagasabb formáját *Dzsnyána-jógának* nevezik – ez az igaz bölcsesség elérésének útja az önuralom és a megkülönböztetés révén például azáltal, hogy az ember folyamatosan emlékezteti önmagát: „Nem a test vagyok. A teremtés múlandó parádéja nem hat az Énemre. Szellem vagyok."

A módszer egyik hátulütője az, hogy maga a folyamat, amelynek révén a spirituális Én ily módon önmagára eszmélhet, nagyon *lassú*. Rengeteg időbe beletelhet. Miközben a spirituális Én már kezd öntudatra ébredni a módszer segítségével, még mindig számos olyan múló mentális gondolat foglalkoztatja, amely nem kapcsolódik ide.

A Szellem békessége valahol a gondolaton és a testi érzékelésen túl van, bár amint egyszer elértünk oda, ezeket is elárasztja.

2. Az áhítatos módszer

Ennek a módszernek az a lényege, hogy a figyelmünket megpróbáljuk egyetlen gondolatra összpontosítani ahelyett, hogy több gondolatmenettel foglalkoznánk mindenféle témában (ahogyan az intellektuális módszernél tettük).

Az áhítatos módszerhez tartozik az istentisztelet minden formája, mint például az imádság (amelyből minden világi dologra irányuló gondolatot ki kell gyomlálnunk). A spirituális Énnek mélyen és nagy tisztelettel arra az egy dologra kell összpontosítania a figyelmét, amely mellett döntött – legyen ez akár egy személyes Isten vagy egy személytelen Mindenható gondolata. A lényeg az, hogy a hívőnek *igazán és komolyan* egyetlen áhítatos gondolatra kell összpontosítania.

A folyamat révén a spirituális Én fokozatosan megszabadul a sok zavaró gondolattól – a zavarok második sorozatától –, és ezáltal lesz ideje és lehetősége arra, hogy magáról gondolkodhasson. Amikor őszintén imádkozunk, minden testi érzetünkről megfeledkezünk, és elhessegetjük azokat a zavaró gondolatokat, amelyek megpróbálják magukra vonni a figyelmünket.

Minél mélyebben imádkozunk, annál intenzívebb lesz az elégedettség érzése, és ennek a kritériumnak a révén fogjuk tudni lemérni, hogy mennyire jutottunk közel az Üdvösség-Istenhez. Amint a testi érzeteket magunk mögött hagytuk, és megzaboláztuk kóbor gondolatainkat, megmutatkozik előttünk ennek a módszernek az előbbivel szembeni magasabbrendűsége.

Mégis, ennek a módszernek is vannak bizonyos hiányosságai és nehézségei. Annak a mélyen gyökerező rossz szokásnak köszönhetően, hogy a spirituális Én már oly régóta kapcsolódik a testhez, és szolgálja azt, nem nagyon sikerül elfordítania a figyelmét a testi és mentális érzetek területéről.

Akármennyire szeretne is valaki teljes szívvel elmerülni az imádságban vagy az istentisztelet bármely más formájában, a figyelmét könyörtelenül magukra vonják az őt bombázó testi érzetek, és az emlékezetében feltörő gondolatok. Imádkozás közben gyakran teljesen lekötnek minket a megfelelő körülményekkel kapcsolatos gondolatok, vagy túlságosan is készségesen meg akarunk szabadulni a zavaró testi kellemetlenségektől.

Minden tudatos erőfeszítésünk ellenére rossz szokásunk, amely mostanra második természetünkké vált, uralkodik az Énünk kívánságai felett. Minden vágyunk ellenére az elménk nyugtalanná válik, és így írja át a jól ismert sorokat: „Mert a hol van a ti elmétek, ott van a ti szívetek is." Azt mondták nekünk, hogy teljes szívvel kell imádkoznunk Istenhez. Ehelyett általában úgy imádkozunk, hogy közben az elménket és a szívünket folyamatosan zavarják a kósza gondolatok és a testi érzékletek.

3. A meditációs módszer

Ez (és az utána következő) módszer tisztán tudományos, és magában foglal egy gyakorlati felkészítést. Olyan nagy bölcsek írták le őket, akik személyesen, a saját életük során ráébredtek az igazságra. Én magam is az egyiküktől tanultam.

Nincs ezekben a módszerekben semmi titokzatos, és semmi olyasmi, ami miatt félni lehetne, hogy ártalmasak. És ha az ember rendesen elsajátítja őket, nem nehezek. Ki fog derülni, hogy egyetemes szinten igazak. A gyakorlati szinten átérzett tudás bizonyítja legjobban érvényességüket és gyakorlati hasznukat.

Azáltal, hogy rendszeresen alávetjük magunkat a meditációs folyamatoknak, amíg szokássá nem válnak, a „tudatos alvás" állapotába hozhatjuk magunkat. Általában akkor tapasztalhatjuk meg ezt a kellemes és nyugalmas állapotot, amikor éppen álomba merülünk, és az öntudatlanság küszöbén járunk, vagy ébredéskor, a tudatos állapot felé haladva.

A tudatos alvás ezen állapotában megszabadulunk minden gondolatunktól és testi érzetünktől, és az Én lehetőséget kap arra, hogy magával foglalkozzon – időről időre belép ebbe az üdvözítő állapotba attól függően, hogy milyen mélyen és milyen rendszeresen gyakoroljuk a meditációt.

Ebben az állapotban ideiglenesen megfeledkezünk és megszabadulunk minden testi és mentális zavaró körülménytől, amelyek elterelik az Én figyelmét. Ennek a meditációs folyamatnak a révén a szomatikus idegrendszer veszi át az irányítást a külső vagy érzékelő szervek felett csillapító hatásával, mint alvás közben. Ez a meditációs állapot a valódi meditáció első, nem pedig végső állapota. A tudatos alvás állapotában megtanuljuk uralni a külső vagy érzékelő szerveinket; az egyetlen eltérés az, hogy míg a hétköznapi alvás során az érzékszervek automatikus irányítás alá kerülnek, meditációban akaratlagosan irányítjuk őket.

A meditáció e korai szakaszában azonban a spirituális Ént még mindig könnyen megzavarhatják a vegetatív és belső szervek – például a tüdő, a szív és egyéb olyan testrészek, amelyekről tévesen azt hisszük, hogy az irányításunkon kívül esnek.[1]

Ennél is jobb módszert kell azonban találnunk; mert amíg a spirituális Én nem képes az akaratával elnémítani minden testi érzetet – azokat a belső érzeteket például, amelyek szintén előidézhetik bizonyos gondolatok megszületését –, és továbbra is ki van téve ezeknek a zavaró körülményeknek, nem remélheti sem azt, hogy átveszi az irányítást, sem azt, hogy lesz ideje és alkalma megismerni önmagát.

4. A tudományos módszer vagy jóga

Szent Pál azt mondta: *„Naponként halál révén állok."*[2] Ezt úgy értette, hogy ismerte a belső szervek irányításának folyamatát, és a saját akaratából megszabadíthatta spirituális Énjét a testétől és az elméjétől – amelyet a hétköznapi, ilyen képzést nem kapott ember

---

1   Ritkán tanuljuk meg, amit a nagy szentek és bölcsek megtanulnak, hogy hogyan csendesíthetjük el belső szerveinket. Mivel azt feltételezzük, hogy az irányításunkon kívül esnek, túlhajszoljuk őket, majd egyszer hirtelen leállnak – ezt a leállást nevezzük mi „halálnak" vagy „nagy alvásnak".
2   1Kor 15:31

csak a végső halálakor tapasztalhat meg, amikor spirituális Énje kiszabadul az elnyűtt testből.

Na most, ha alávetjük magunkat egy rendszeres és gyakorlati képzésnek ebben a tudományos módszerben,[3] átérezhetjük, hogy Énünk különáll a testünktől, *anélkül hogy végleg meghalnánk*. Itt most csak nagy vonalakban fogom bemutatni a folyamatot és az alapjául szolgáló igaz tudományos elméletet. Az itt leírtak a saját tapasztalataimon alapulnak. Azt is mondhatnám, hogy ki fog derülni, hogy egyetemes szinten igazak. És ugyanígy azt is biztonsággal kijelenthetem, hogy az Üdvösséget, amely – amint már rámutattam – a végső célunk, erőteljesen átérezhetjük a módszer gyakorlása közben. Már önmagában a gyakorlás is módfelett üdvözítő hatású – merem állítani, hogy sokkal tisztábban üdvözítő, mint a legnagyobb élvezet, amelyet akármelyik érzékszervünkön vagy az elménken keresztül valaha megtapasztalhatunk.

Nem kívánok semmiféle egyéb bizonyítékkal szolgálni a módszer igazságáról, mint amelyet maga a tapasztalás átad. Minél többet gyakorolja az ember türelemmel és rendszerességgel, annál inkább érzi magát intenzíven és folyamatosan az Üdvösségben.

A rossz szokások kitartó voltának eredményeképpen a testi létezés tudatossága – annak minden emlékezetével – alkalmanként feléled, és harcba kezd ez ellen a békesség ellen. Ha azonban bárki rendszeresen és kitartóan gyakorol, garantálható, hogy idővel meg fog érkezni az Üdvösség egy magas szintű, elme feletti állapotába.

Nem szabad azonban okoskodva előre elképzelnünk, hogy a folyamat milyen lehetséges eredményeket hozhat, sem rövid próbálkozás után felhagynunk a gyakorlással. A valódi előrelépéshez mindenképpen szükségesek a következők: először is szeretetteljes figyelem a tanulandó tárgy iránt; másodszor tanulási vágy és őszinte kutatószellem; harmadszor pedig rendíthetetlen kitartás, amíg el nem érjük a kívánt célt.

---

3   A tudományos módszer, amelyre itt és a könyv hátralévő részében utalok, a *Krijá-jóga*, egy ősi, spirituális tudomány, amely magában foglal bizonyos meditációs jógitechnikákat, amelyeket Paramahansza Jógananda a *Self-Realization Fellowship Leckékben* tanít. (*A kiadó megjegyzése*)

Ha csak a fele utat tesszük meg, majd – rövid gyakorlás után
– le is térünk róla, a kívánt eredmény nem fog megmutatkozni.
Amikor a spirituális gyakorlás terén még járatlan ember megpró-
bálja előre megítélni a szakértők (a mindenkori mesterek és prófé-
ták) tapasztalatát, az olyan, mint amikor egy gyerek megpróbálja
elképzelni, milyen lehet a posztgraduális képzés.

Nagy kár, hogy az emberek erőfeszítéseik és idejük legna-
gyobb részét arra fordítják, hogy kielégítsék a világi létezéssel kap-
csolatos igényeiket, vagy intellektuális elméleti vitákba merüljenek,
de csak ritkán gondolják úgy, hogy érdemes lenne felismerni és
türelmesen megtapasztalni azokat az igazságokat, amelyek nem-
csak élénkítik az életet, hanem meg is töltik értelemmel. A célját
tévesztett erőfeszítések gyakran tartósabban lekötik a figyelmüket,
mint azok, amelyek a jó irányba mutatnak.

Már több éve gyakorlom az itt említett módszert, és minél
többet gyakorolom, annál inkább átérzem az állandó és megingat-
hatatlan Üdvösség állapotával járó örömet.

Nem szabad elfelejtenünk, hogy nem tudhatjuk, milyen
hosszú ideje van már hozzákötve a spirituális Én a testhez. Egy
nap alatt nem lehet felszabadítani; a módszer rövid vagy rendszer-
telen gyakorlása sem fog eljuttatni valakit az Üdvösség magasabb
állapotába, és nem fogja lehetővé tenni számára a belső szervek
irányítását. Ehhez hosszú-hosszú ideig tartó, türelmes gyakorlásra
lehet szükség.

Az azonban garantálható, hogy a folyamat követése elhozza a
tiszta Üdvösség-tudat hatalmas boldogságát. Minél többet gyako-
roljuk, annál gyorsabban elnyerjük az Üdvösséget. Azt kívánom,
hogy mint az Üdvösség keresői (és mindnyájan azok vagyunk!), te
is próbáld megtapasztalni önmagadért azt az egyetemes igazságot,
amely mindenkiben ott van, és amelyet mindenki érezhet. Ezt az
állapotot nem kell feltalálnia senkinek. Már ott van; egyszerűen
csak fel kell fedeznünk.

Amíg ezt az igazságot próbára nem tetted, ne olvasd közöm-
bösen a soraimat. Lehet, hogy belefáradtál már a sok különféle el-

méletbe, amelyek közül ez ideig egy sem tett semmilyen közvetlen hatást az életedre. Ez nem elmélet, hanem felismert igazság. Olyasvalamit szeretnék megmutatni neked, amit valóban át lehet élni.

Én annyira szerencsés voltam, hogy ezt a szent, tudományos igazságot egy nagy indiai szenttől tanulhattam meg több évvel ezelőtt![4] Talán tudni szeretnéd, hogy miért noszogatlak – miért terelem a figyelmedet ezekre a dolgokra. Önző érdekek vezetnek-e? Erre a kérdésre igenlő választ kell adjak. Azért szeretném átadni neked ezt az igazságot, mert azt remélem, hogy viszonzásképpen abban a tiszta örömben lesz részem, hogy segíthettem neked örömödet lelni a gyakorlásban és a felismerésben.

A tudományos módszer élettani magyarázata

Most egy kis élettani magyarázat következik, hogy – legalábbis nagy általánosságban – megérthessük a módszer működését. A fő központokra és arra az elektromos áramlásra fogok hivatkozni, amely az agy felől érkezve folyik át ezeken a központokon a külső (érzékelő) és belső szervek felé, amelyek ezáltal telnek meg az élet rezgésével.

Hat olyan fő központ van, amelyeken át az agy felől érkező pránaáramlás (életáram vagy elektromosság)[5] kilép az idegrendszerbe. Ezek a következők:

1. Medulla (Nyúltvelői) központ
2. Cervical (Nyaki) központ
3. Dorsal (Szív) központ
4. Lumbar (Napfonati) központ
5. Sacral (Keresztcsonti) központ
6. Coccygeal (Farokcsonti) központ

---

4   Szvámi Srí Juktésvartól, Paramahansza Jógananda gurujától. (*A kiadó megjegyzése*)
5   Ez az intelligens, atomenergiánál is finomabb energia (*prána* vagy életerő) aktiválja és tartja életben a testet. (*A kiadó megjegyzése*)

Az agy a legfelsőbb elektromos energiaforrás (a legmagasabb központ). Az összes központ kapcsolatban áll egymással, és a legfelsőbb központ (az agysejtek) befolyása alatt működik. Az agysejtek bocsátják ki az életáramot vagy elektromosságot ezeken a központokon keresztül, amelyek ezt követően a különböző mozgató és érző idegekbe vezetik azt, ezek pedig mozgási impulzusokat, illetve tapintási, látási stb. érzeteket szállítanak.

Ez az agy felől érkező elektromos áramlás biztosítja a szervezet (a belső és külső szervek) életét, és ezen az elektromos közvetítő közegen keresztül érnek el minden érzékletről a jelentések az agyba, ahol aztán gondolati reakciókat okoznak.

Az Énnek, ha hatékonyan ki akarja kapcsolni a testi érzékelés e zavaró jelentéseit (amelyek egyben gondolatmeneteket is elindítanak), át kell vennie az irányítást az elektromos áramlás felett, és vissza kell hívnia az egészet az idegrendszerből a hét fő központba (az agyat is beleértve), hogy ezáltal tökéletes nyugalmat bocsáthasson a külső és belső szervekre egyaránt.

Alvás közben az agy és az érzékszervek közötti elektromos vezetőképesség részlegesen gátolt, hogy a szokásos hang, tapintás stb. érzetek ne érhessék el az agyat. Mivel azonban ez a gátlás nem teljes, egy megfelelően erős külső inger visszaállítja az elektromos vezetőképességet, és jelentést küld az agyba, felébresztve az embert. A belső szervekben – szív, tüdő és egyéb szervek – azonban alvás közben is mindig egyenletes az elektromos áramlás, hogy ne álljon le a lüktetésük és működésük.

A tudományos módszer gyakorlása felszabadít a zavaró testi és mentális jelentésektől

Mivel alvás közben nem teljes az élet-elektromosság kontrollja, bizonyos testi érzetek – mint például a rossz közérzet, a betegség vagy az erősebb külső ingerek – megzavarhatják a pihenést. Az irányítás átvételének egy tudományos módszerével azonban – amelyet itt nem feltétlenül fogok részletezni – tökéletesen, egyidejűleg kontrollálhatjuk a rendszer külső és belső szerveit egyaránt.

Ez a gyakorlás végeredménye. Hosszú évekig is eltarthat azonban ennek a tökéletes kontrollnak az elsajátítása.

Mivel az elalvást (ami pihenést jelent) követően kapnak új erőre a külső szervek, az említett tudományos módszer gyakorlásának eredményeképpen jelentkező pihenést követően végre a belső szervek is revitalizálódhatnak; az ennek következtében megnövekedett életerejüknek köszönhetően pedig meghosszabbodik az életünk.

Ahogy nem félünk elaludni amiatt, hogy arra az időre az érzékszerveink kikapcsolnak, ugyanúgy attól sem kell félnünk, hogy a tudatos halált gyakoroljuk, azaz megpihentetjük a belső szerveinket. Ilyenkor a halál a mi irányításunk alatt áll; mert amikor úgy gondoljuk, hogy testi házunk kényelmetlen és megtört, a saját akaratunkból leszünk képesek elhagyni azt. „Mint utolsó ellenség töröltetik el a halál."[6]

A folyamatot így mutathatnánk be: ha egy városban a fő telefonközpont állandó vezetékes összeköttetésben van a város különböző pontjaival, akkor az ezekről a helyekről telefonáló emberek – még a fő telefonközpont szakembereinek az akarata ellenére is – bármikor küldhetnek üzeneteket a központi irodának az összekötő telefonvezetékekben folyó elektromos áram közvetítésével. Ha a fő telefonközpont meg akarja szakítani a kommunikációt a különböző városrészekkel, lekapcsolhatja a főkapcsolót, és megszűnik az áramlás a város adott negyedei felé.

Ehhez hasonlóan, a tudományos módszer arra a folyamatra tanít meg minket, amelynek a segítségével a test különböző szerveibe és testrészeibe kiengedett életáramot behívhatjuk a *központi részünkbe* – a gerincbe és az agyba. A folyamat részét képezi a gerincoszlop és az agy – itt található a hét fő központ – mágnesessé tétele, amelynek eredményeképpen a kiengedett élet-elektromosságot visszahívjuk az eredeti fő központba, és fény formájában megtapasztaljuk. Ebben az állapotban a spirituális Én tudatosan felszabadíthatja magát a testi és mentális zavaró körülmények alól.

6   1Kor 15:26

A spirituális Ént a mostani helyzetében – még az akarata ellenére is – két társadalmi osztály telefonos jelentései zavarják: az úriembereké (gondolatok) és az alsóbb osztályoké (testi érzetek). Ahhoz, hogy megszakíthassa velük a kapcsolatot, az Énnek csak be kell hívnia a telefonvezetékeken keresztül áramló elektromosságot háza központi akkumulátorába azáltal, hogy lekapcsolja a kapcsolót (gyakorolja a negyedik módszert), hogy végre megkönynyebbülhessen.

A figyelem a főigazgató, ő osztja szét az energiát. Ő az aktív oka, hogy elektromos életáram jut az agyból a mozgató és érző idegek felé. Egy szemtelen legyet például úgy hessegetünk el, hogy a figyelem erejével elektromos áramot juttatunk a mozgató idegekhez, és ezáltal előidézzük a kívánt kézmozdulatot. Azért mondtam el ezt a példát, hogy érzékeltessem azt az erőt, amelyen keresztül a rendszer elektromos áramlása irányítható és visszahívható a hét központba.

A Bibliában a Jelenések könyve említi meg ezt a hét csillag alakú (asztrális), gerincben lévő központot és a titkukat. Szent János felnyitotta a hét központ rejtett ajtaját, és felemelkedett oda, ahol igazán megismerhette saját magát mint Szellemet. „Írd meg, a miket láttál... a hét csillag titkát."[7]

A tudományos módszer folyamatos gyakorlása elvezet az Üdvösség-tudathoz vagy Istenhez

Végezetül szeretném bemutatni azokat az állapotokat, amelyek akkor lépnek fel, ha *teljes mértékben* átvettük az irányítást az elektromos áramlás felett. Kezdetben nagyon kellemes érzés jelentkezik a gerincoszlop mágnesezése során. A folyamatos és kitartó gyakorlás azonban a tudatos Üdvösség olyan állapotát hozza el, amely a testtudatosságunk által generált izgalmi állapot ellenében hat.

Ezt az üdvözítő állapotot mutattuk be korábban egyetemes célunkként és legmagasabb szükségletünkként, mert ilyenkor va-

7   Jel 1:19–20

lóban átéljük az Isten-tudatot vagy Üdvösség-tudatot, és átérezzük valódi énünk kiterjedését. Minél gyakrabban megtapasztaljuk ezt, annál inkább lehullik rólunk a saját szűkös individualitásunk, annál hamarabb elérjük az egyetemesség állapotát, és annál szorosabb és közvetlenebb lesz a közösségünk Istennel.

A vallás valójában nem más, mint saját individualitásunk beleolvadása az egyetemességbe. Ezért ennek az üdvözítő állapotnak a tudatosságában felfelé haladunk a vallás lépcsőfokain. Hátrahagyjuk az érzékek és kósza gondolatok ártalmas közegét, és a mennyei Üdvösség birodalmába lépünk.

Amit a folyamat révén megtanulunk, az egyetemes igazságnak bizonyul majd: amikor az állandó gyakorlás révén valósággá válik a spirituális Én ezen üdvözítő állapotra vonatkozó tudatossága, állandóan a bennünk élő üdvözítő Isten szentséges jelenlétében találjuk majd magunkat. Jobban ellátjuk a feladatainkat, mert sokkal inkább magát a feladatot látjuk majd, mint a saját egoizmusunkat és az abból származó öröm- és fájdalomtudatunkat. Akkor megfejthetjük a létezés titkát, és valódi értelmet adhatunk az életnek.

Minden vallás tanításaiban, legyen az a kereszténység, a mohamedán vallás vagy a hinduizmus, egyetlen igazságot hangsúlyoznak: amíg az ember Szellemként – az Üdvösség kútfejeként – magára nem ismer, halandó elképzelések korlátozzák, és a természet kérlelhetetlen törvényei érvényesek rá. Igaz lényének megismerése hozza el neki az örök szabadságot.

Csak úgy ismerhetjük meg Istent, ha megismerjük önmagunkat, mert valódi természetünk az Övéhez hasonlatos. Az ember Isten képére teremtetett. Ha az itt javasolt módszereket megtanulod és becsületesen gyakorlod, üdvözítő Szellemként ismerhetsz magadra, és felismerheted Istent.

A könyvben megadott módszerek magukban foglalják az Isten felismeréséhez szükséges összes elképzelhető eszközt. Az úgynevezett különböző vallások által gyakorolt ezer és egy hagyományos szabályt és jelentéktelen gyakorlatot azonban figyelmen kívül hagyják, mert ezek egy része az egyének kedélyállapotbeli különbségeire vonatkozik, és ezért kevéssé fontos, bár egyáltalán nem felesleges; más részük pedig a módszerek gyakorlása során merül fel, ezért itt és most nem szükséges ennél részletesebben kitérni rájuk.

A tudományos módszer közvetlenül az életerővel dolgozik

Ennek a módszernek a többivel szembeni elsőbbségét az adja, hogy pontosan azzal dolgozik, ami szűk individualitásunkhoz köt minket: *az életerővel.* Ahelyett, hogy visszafordulna és feloldódna az Én kiterjedő, öntudatos erejében, az életerő általában kifelé igyekszik, miközben folyamatos mozgásban tartja a testet és az elmét, és testi érzékletek és háborgó gondolatok formájában zavarja a spirituális Ént.

Mivel az életerő mozgása kifelé tartó, az érzetek és gondolatok megzavarják és eltorzítják az Én vagy a Lélek nyugodt képét. Ez a módszer megtanítja, hogyan fordíthatjuk az életerőt befelé, és ettől fogva az *közvetlenül* és *késedelem nélkül* működik. Egyenesen az Énre vonatkozó tudatosságba – az Üdvösségbe vagy Istenbe – visz minket. Nem igényli semmilyen közvetítő segítségét.

Ezzel a módszerrel oly módon irányíthatjuk az életerő pályáját, hogy magának az életerőnek egy ismert és közvetlenül kapcsolódó megjelenési formáját irányítjuk és szabályozzuk. A többi módszer beveti az intellektus vagy gondolkodás segítségét az életerő irányításához annak érdekében, hogy előidézze az Én tudatosságát annak üdvözítő és egyéb aspektusaiban.

Itt kell megjegyezni, hogy a világon minden vallásos módszer közvetlenül vagy közvetetten, hallgatólagosan vagy kimondottan az életerő irányítására, szabályozására és visszafordítására buzdít annak érdekében, hogy meghaladhassuk a testünket és az elménket, és megismerhessük az Ént annak természetes állapotában. A negyedik módszer közvetlenül, az életerővel irányítja az életerőt, míg a többi közvetetten dolgozik valamilyen közvetítő – gondolat, imádság, jócselekedetek, istentisztelet vagy akár „tudatos alvás" – segítségével.

Az élet léte az emberben a létezés; hiánya a halál. Ezért az a módszer, amely megtanítja, hogyan irányíthatja az élet közvetlen ereje önmagát, biztosan a legjobb mind közül.

A különböző korokban és szellemi környezetekben élő bölcsek azoknak az embereknek a lelkiállapotára alkalmazható módszereket javasoltak, akik között éltek, és akiknek prédikáltak. Voltak, akik az imádságra, mások az érzésekre vagy a jócselekedetekre, megint mások a szeretetre vagy a logikára és gondolkodásra, vagy akár a meditációra helyezték a hangsúlyt. Mégis ugyanaz a cél vezette őket.

Mind a testtudat meghaladását akarták elérni az életerő befelé fordítása révén, és az Énre való ráismerést, ahogyan a nap képe is megjelenik a nyugodt, békés víztükörben. A céljuk pontosan annak a dolognak a bevésése volt, amit a negyedik módszer közvetlenül, minden közvetítő igénybevétele nélkül tanít.

Ugyanakkor tudnunk kell azt is, hogy ennek a módszernek a gyakorlása nem akadályozza az intellektus művelését, a fizikum felépítését és a társas és hasznos élet tevékenységeit – egy olyan életét, amelyet a legjobb érzésekkel és mozgatórugókkal szentelünk az emberszerető munkálkodásnak. Sőt, *minden oldalunkat fejlesztő* gyakorlatozást kellene előírni mindenkinek. Ez valódi pozitív segítséget jelent, és nem veti vissza a módszer gyakorlását; csak az a fontos, hogy ne veszítsük szem elől a módszer kitűzött célját. Akkor minden tett, minden törekvés az egyén érdekében és előnyére történik.

Ennek a folyamatnak a lényege az, hogy alaposan megismerjük annak az életerőnek a titkát, amely fenntartja az ember testi szervezetét, és élttel és energiával tölti fel azt.

5. RÉSZ

A megismerés eszközei és a vallásos módszerek elméleti érvényessége

Az előző fejezetekben a vallási eszménykép (öröklétű, örök tudatosságú Üdvösség-Isten) egyetemességéről és szükségességéről, valamint az ezt elérni kívánó gyakorlati módszerekről volt szó. Most ezeknek a módszereknek az érvényességéről szeretnénk szólni.

A módszerek alapvetően gyakorlatiak, és a követésük révén el kell érnünk az eszményképet, akár foglalkozunk az elmélettel, akár nem. Érvényességüket maga a megfogható és valóságos gyakorlati eredmény jelzi.

A félreértések elkerülése végett szeretném hangsúlyozni: igazán nem szükséges az elméleti alapokkal alátámasztani az érvényességet. Egyszerűen mások megnyugtatására azonban *a priori* tárgyaljuk azoknak az ismeretelméleteknek az érvényességét, amelyeken az érintett módszerek alapulnak, hogy az érvényességüket elméleti szinten is megmutathassuk.

Ez azon nyomban felveti a következő ismeretelméleti kérdést: Hogyan és milyen mértékben ismerhetjük meg az eszményképet, az igazságot? Ahhoz, hogy megnézzük, hogyan ismerjük meg az eszményképet, át kell gondolnunk, hogy hogyan ismerjük meg a való világot. A világ megismerésének a folyamatával kell foglalkoznunk. Akkor majd meglátjuk, hogy a világ megismerésének a folyamata ugyanaz-e, mint az eszménykép megismeréséé, és hogy a való világ elválik-e az eszményképtől, vagy ez utóbbi átitatja az előbbit – és csak a két dolog megismerési folyamata tér el.

Mielőtt azonban továbblépnénk, beszélnünk kell a megismerés „eszközeiről" – arról, hogy a világ megismerése hogyan lehetséges számunkra. A megismerésnek három eszköze vagy módja létezik: a percepció, a következtetés és az intuíció.

A MEGISMERÉS HÁROM ESZKÖZE

1. Percepció

Azt mondhatjuk, hogy érzékszerveink ablakok, amelyeken keresztül a külvilágból érkező ingerek elérik az elmét, amely passzívan befogadja ezeket a benyomásokat. Ha az elme nem működik, benyomások sem érhetik az érzékelés-ablakokon keresztül, kívülről érkező ingerek révén.

Az elme nemcsak a különböző érzékeken keresztül beáramló ingerekhez való kapcsolódást biztosítja, hanem – benyomások formájában – a hatásukat is tárolja. Ezek a benyomások azonban mindaddig zavaros és összefüggéstelen halmazt alkotnak, amíg a megkülönböztető képesség *(buddhi)* dolgozni nem kezd rajtuk. Akkor kialakul a megfelelő kapcsolat, és ezáltal felismerhetővé válnak a külvilág részletei. Ezeket úgymond kivetítjük, és az idő és tér formáiban ismerjük meg őket, mivel határozott társításokkal dolgozunk: mennyiség, minőség, mérték és jelentés. Akkor végre házként, nem pedig póznaként ismerjük fel a házat. Ez az intellektus *(buddhi)* működésének az eredménye.

Egy tárgyat láthatunk, kitapinthatunk, és hallhatjuk a hangját, ha ráütünk, és az elménk befogadja, majd tárolja ezeket a benyomásokat. A *buddhi* értelmezi, majd a ház és a hozzá kapcsolódó különböző részletek – méret, alak, szín, forma, minta és a jelenhez, múlthoz vagy jövőhöz való viszony – formájában kivetíti őket az időbe és a térbe. Ezen a módon szerzünk ismereteket a világról.

Az elmebetegek is tárolják a benyomásokat az elméjükben, de kaotikus állapotok közepette – az intellektusuk nem válogatja szét és különíti el őket rendezett csoportokba.

És itt merül fel a kérdés, hogy megismerhető-e a Valóság (az eszménykép, az örökké tudatos, öröklétű Üdvösség-Isten) ezen a fajta érzékelésen keresztül? Vajon a világ (észlelés révén történő) megismerési folyamata érvényes-e a legmagasabb igazság megismerésére is?

Tudjuk, hogy az intellektus csak az érzékek által szállított anyagból tud dolgozni. Bizonyos, hogy az érzékszerveink csak a tulajdonságok és a különféleség ingereit juttatják el hozzánk. Amellett, hogy az érzékeink változatosságot nyújtanak, az intellektus maga is ezzel a sokasággal foglalkozik, és meg is marad ezen a területen. Bár gondolhat a „sokaságban meglévő egységre", azonosulni képtelen vele. Ez a hátulütője. Az intellektuális észlelés nem képes átadni a sokféle megjelenés alapjául szolgáló egyetlen Egyetemes Szubsztancia igaz természetét.

Ez az ész ítélete. Amikor a *buddhi* visszafordul magába, hogy felmérje, mennyire képes megismerni a Valóságot az érzéki benyomások értelmezése révén, azt látja, hogy reménytelenül be van zárva az érzéki világ falai közé. Egy kis rést sem talál, amelyen keresztül kileshetne az érzékeken túli világba.

Vannak, akik szerint amiatt, hogy falat húzunk az érzéki és az érzékeken túli világ közé, az eszünk egyszerűen nem bírja elhinni, hogy lehetnek ismeretei az érzékeken túli világról is. Azt mondják, ha úgy gondolunk az érzékek felettire, mint ami az érzékiben és azon keresztül jelenik meg, akkor az érzéki megismerésével – a kapcsolódása (teleológia vagy alkalmazkodás) és a gondolkodási folyamatnak köszönhető minden részlet és sokféleség révén – a „sokféleségben meglévő egységként" megmutatkozó érzékeken túlit is ismerni fogjuk.

Az a kérdés is felmerülhet azonban, hogy milyen jellegű ez a „megismerés". Vajon csak egy gondolat az agyban, vagy valóban az igazság (a sokféleségben meglévő egység) *meglátása* szemtől szemben, első kézből és közvetlenül? Ugyanazzal a fajta meggyőződéssel jár vajon ez a megismerés, mint ami azzal jár, ha egyek vagyunk vele? Nyilvánvalóan nem, hiszen ez a tudás csak részleges, tökéletlen; olyan, mint egy színes üvegen át szemlélődni. Az érzékek feletti világ túl van ezen. Ezek azok az *a priori* érvek, amelyek az észleléssel mint a Valóság vagy Isten megismerésének eszközével szemben felhozhatók.

A nyugalom megtapasztalásából is arra jutunk, hogy mindaddig nem érhetjük el azt az üdvözítő állapotot, amely maga a Valóság és az eszménykép (amint azt az előző fejezetekben láthattuk), amíg jelentős mértékben ki nem emelkedünk nyughatatlan, érzékelő-észlelő állapotunkból. Minél inkább magunk mögött hagyjuk a zavaró észleleteket és belső gondolatokat, annál valószínűbb, hogy felvirrad az Üdvösség vagy Üdvösség-Isten ama szupramentális állapota. Az általános tapasztalások szerint a hétköznapi észlelés és az Üdvösség kölcsönösen kizárják egymást. Mivel azonban módszereink egyike sem alapul kizárólagosan a tiszta észlelésre, nem számít, hogy ez nem képes megismerni a Valóságot.

2. Következtetés

Ez a világról való ismeretszerzés másik módja. A következtetés maga azonban szintén a tapasztaláson – vagy észlelésen – alapul, legyen akár deduktív, akár induktív. A tapasztalásaink azt mutatják, hogy ahol füst van, ott tűz is van; ezért ha bármikor füstöt látunk, arra következtetünk, hogy tűznek is lennie kell. Ez a deduktív következtetés. Ez azonban csakis azért lehetséges, mert a korábbi tapasztalásunk (észlelésünk) során a füstöt a tűzzel társítottuk. Az induktív következtetésben is megtalálható ugyanez az észleléstől való függés.

Megfigyeljük, hogy a kolerát egy bizonyos baktérium okozza. Megállapítjuk az adott bacilus és a kolera közötti oksági összefüggést, és induktív módon azonnal arra következtetünk, hogy ahol ezzel a bacilussal találkozunk, ott a kolera is fel fogja ütni a fejét. Bár itt az ismert koleraelőfordulásokról átugrottunk az ismeretlenekre, következtetés révén nem derítünk ki semmi újat, bár az esetek újak lehetnek. Az, hogy egyáltalán felállíthattuk az oksági kapcsolatot bizonyos bacilusok és a kolera között, az egyes esetek megfigyelésén (észlelésén) alapult.

A következtetés tehát végső soron az észlelés függvénye. A kikövetkeztetett esetekben nem jutunk el új igazságokhoz – semmi valóban újat nem tudunk meg ahhoz képes, amit az addigi esetekben megfigyeltünk. A megfigyelt esetekben a bacilust kolera követi; és a kikövetkeztetett esetekben is kolera követi a bacilust – semmi újdonság, csak az esetek teljesen újak.

Nem számít, hogy a gondolkodás, érvelés, következtetés vagy képzelet mely formáit vetjük be, még mindig nem néztünk szembe a Valósággal. Az érvelés vagy gondolkodás átrendezheti vagy rendszerezheti a tapasztalás tényeit; törekedhet arra, hogy egészben lássa a dolgokat; megpróbálhat behatolni a világ misztériumába. Erőfeszítéseit azonban pont azok az anyagok gátolják, amelyekre támaszkodva dolgozik – a tapasztalás, az érzékszervi benyomások tényei. Száraz, rideg tények ezek, amelyeket észlelési képességeink elkülönítenek és korlátoznak. Ezek az anyagok inkább zavarják, mint segítik a gondolkodási folyamatot, amelyre amúgy is jellemző a nyugtalan folytonosság.

Az első vallási módszer, amint rámutattunk, az intellektuális módszer, amely a Valóság – az Üdvösség állapota és a nyugodt felismerés – megismeréséhez alkalmazza a gondolkodási folyamatot. De nem működik. Zavarnak a saját testi érzékeléseink; a gondolkodási folyamat, mivel folyamatosan a különböző, nyughatatlan érzékelési benyomásokon munkálkodik, szintén akadályoz minket abban, hogy tartósan fenntarthassuk az összpontosítás állapotát. Ezért nem tudjuk elérni a sokféleségben meglévő egység tudatosságát. Az intellektuális módszer egyik érdeme, hogy amikor elmerülünk a gondolati világban, bizonyos mértékig túllépünk a testi érzékelésen. De ez mindig ideiglenes.

A másik két – az áhítatos és a meditációs – módszerben kevesebb a gondolkodás, de azért ott is jelen van. Az áhítatos módszernél (vagyis a rituális vagy szertartásos istentiszteletnél, illetve a közösségi vagy egyéni imádságnál) a gondolkodási folyamat nagy része a megfelelő állapotok biztosítására összpontosít. Emellett azért mindig próbál az istentisztelet vagy imádság témájára fókuszálni.

Amíg a gondolkodási folyamatok szerteágazó volta kontrollált vagy gátolt, az áhítatos módszer sikeres. A hiba abban rejlik, hogy az évek során folyton megerősített rossz szokásnak köszönhetően a koncentrációnk nem mély, és ezáltal a legkisebb zavar is előidézheti a gondolkodási folyamatok szerteágazóságának bekapcsolódását.

A meditációs módszernél (külső formalitások, hagyományok, rítusok, amelyek gátolják, hogy a gondolkodási folyamat olyan könnyedén beindulhasson, mint az áhítatos módszer esetében) a fókuszunkat egyetlenegy gondolatra rögzítjük. Ekkor fokozatosan hátrahagyjuk a gondolati világot, s ezt követően beléphetünk az intuíció világába; a következő részben erről lesz szó.

3. Intuíció

Eddig az érzékek világára összpontosító megismerési folyamatok eszközeivel foglalkoztunk. Most következő témánk, az intuíció az a folyamat, amelynek segítségével az érzékeken túli világot ismerhetjük meg – azt a világot, amely az érzékeken és a gondolatokon túl található. Igaz, hogy az érzékeken túli az érzékiben és azon keresztül fejeződik ki, és az is igaz, hogy ahhoz, hogy az utóbbit a maga teljességében megismerhessük, ismernünk kell az előbbit; a két világ megismerési folyamata azonban mindenképpen különbözik.

Képesek lennénk-e akár csak az érzéki világ teljes megismerésére pusztán észlelés és gondolkodás révén? Nyilvánvalóan nem. Végtelen számú tény, dolog, törvény és összefüggés van a természetben, de még a saját szervezetünkben is, amely még mindig lepecsételt könyv az emberiség számára. Még ennél is kevésbé vagyunk tehát képesek megismerni az érzékeken túli világot észlelési és gondolati úton.

Az intuíció belülről jön; a gondolat kívülről. Az intuíció segítségével szembenézhetünk a Valósággal; a gondolkodás csak közvetett képet nyújt róla. Az intuíció, valami furcsa együttérzés révén, a maga teljességében látja a Valóságot, míg a gondolat részekre szabdalja azt.

Ahogy mindenkiben megvan a gondolat ereje, úgy az intuíció ereje is. És ahogy a gondolkodás, ugyanúgy az intuíció is fejleszthető. Az intuíció során ráhangolódunk a Valóságra – az Üdvösség világára, a „sokféleségben meglévő egységre", a spirituális világot irányító belső törvényekre, Istenre. Honnan tudjuk, hogy létezünk? Az érzékelésen-észlelésen keresztül? Először az érzékek súgják meg nekünk, hogy létezünk? Innen származik a létezéstudatunk? Ez nem lehetséges, mert a létezéstudat meglétét már az érzékeink ama törekvésében feltételeznünk kell, hogy tudassák velünk: létezünk. Az érzékelés nem lehet tudatában semminek anélkül, hogy először ne ismerné fel magában az érzékelésben mint cselekvésben, hogy létezünk.

Vajon a következtetésből, a gondolkodási folyamatból tudjuk, hogy létezünk? Nyilvánvalóan nem. Mert a gondolkodás anyagai mindenképpen érzéki benyomások, amelyek – amint éppen megállapítottuk – nem árulhatják el nekünk, hogy létezünk, hiszen máris feltételezzük bennük azt az érzést. Ugyanígy a gondolkodási folyamat sem adhatja a létezéstudatunkat, mert ez utóbbi meglétét eleve feltételezzük az előbbiben. Amikor a külvilághoz hasonlítva önmagunkat azt gondoljuk, vagy arra következtetünk, hogy abban létezünk, a létezéstudat máris megjelenik a gondolkodás és a következtetés cselekedetében.

Ha tehát nem az érzékelés vagy a gondolat a megoldás, akkor honnan tudjuk, hogy létezünk? Erre csakis az intuíció révén jöhetünk rá. Az ilyen felismerést az intuíció *egyik formájának* nevezik. Ez túlmutat az érzékelésen és a gondolkodáson – ezek is az intuíció révén lehetségesek.

Az intuíciót azért nagyon nehéz meghatározni, mert túlságosan is közel áll mindnyájunkhoz; mindenki érzi. Hát nem tudjuk-e, hogy mi a létezéstudat? Mindenki tudja. Csak éppen túl jól ismerjük ahhoz, hogy meghatározhassuk. Kérdezz meg bárkit, honnan tudja, hogy létezik; és eláll a szava. Tudja, de nem képes meghatározni. Megpróbálkozhat azzal, hogy megmagyarázza, de a magyarázat nem fogja elárulni, mit érez. Az intuíció minden formájára érvényes ez a furcsaság.

A negyedik vallási módszer, amelyről az előző fejezetben

szóltam, egyenesen az intuícióra épít. Minél lelkiismeretesebben gyakoroljuk, annál szélesebb és biztosabb lesz a Valóságról – Istenről – alkotott képünk.

Az emberiség az intuíción keresztül éri el az Istenséget, ezen keresztül kapcsolja össze az érzékit az érzékeken túlival, és ezen keresztül *érzi*, amint az utóbbi az érzékiben és azon keresztül kifejeződik. Az érzékek befolyása eltörpül; a zavaró gondolatok megszűnnek; felismerjük az Üdvösség-Istent; és ránk virrad a „minden Egyben és Egy mindenben" tudatossága. Az intuíció az, amelyet a világ minden nagy bölcse és prófétája a magáénak tudhatott.

A harmadik vagy meditációs módszer, amint azt a 4. részben elmondtam, szintén az intuíció területére vezet minket – ha becsülettel gyakoroljuk. Ez azonban valamelyest kerülőút, ezért ilyenkor általában hosszabb időbe telik, amíg megszületnek bennünk az intuitív vagy felismerési folyamatot követő állapotok.

Az intuíció révén ismerhetjük meg Istent minden aspektusában

Tehát az intuíció révén ismerhetjük meg Istent az Ő összes aspektusában. Nincs olyan érzékszervünk, amellyel ismereteket szerezhetünk Róla; az érzékszervek csak az Ő megnyilvánulási formáiról adnak át tudást. Semmilyen gondolat vagy következtetés nem ismertetheti meg Őt a maga valójában, mert a gondolat nem léphet túl az érzékek adatain; csak az érzékszervi benyomások elrendezésére és értelmezésére képes.

Ha az érzékek nem képesek arra, hogy elvezessenek minket Istenhez, akkor a gondolat (amely tőlük függ) sem lehet képes erre. Tehát nekünk az intuícióhoz kell fordulnunk, ha Istent akarjuk megismerni az Ő üdvözítő és egyéb aspektusaiban.

Számos tényező áll azonban ennek az intuíciós álláspontnak – az igazság felismerésének – az útjában. Íme ezek közül néhány: betegség, mentális gyengeség, kétely, tunyaság, világi gondolkodás, hamis elképzelések és ingatagság.

Ezek vagy velünk születettek, vagy a másokkal való társas

érintkezés során alakulnak ki és erősödnek fel. Velünk született, bizonyos hibákra vonatkozó hajlamaink (*szamszkárák*) határozott erőfeszítéssel (*purusakára*) legyőzhetők. Akaraterővel minden hibánkat lenyesegethetjük. A rossz szokások kiradírozását és jó szokások kialakítását a megfelelő törekvés és a jó, istenhívő emberekkel való érintkezés segíti elő. Amíg nem érintkezünk olyanokkal, akik a saját életükben meglátták, megérezték és felismerték az igaz vallást, nem biztos, hogy a maga teljességében megismerhetjük azt, illetve hogy megtudhatjuk, miben rejlik egyetemessége és szükségessége.

A kutatószellem mindenkiben ott él. A világon mindenki az igazságot keresi. Ez a mi halhatatlan örökségünk; és addig keressük, vakon vagy bölcsen, amíg a maga teljességében vissza nem nyerjük. A felemelkedésre soha nincs késő. „Keressetek és találtok; zörgessetek és megnyittatik néktek."[1]

---

1   Mát 7:7

A szerzőről

„Az Isten iránti szeretet és az emberiség szolgálata Paramahansza Jógananda életében példaadóan öltött testet... Bár életének nagy részét Indián kívül töltötte, a mai napig legnagyobb szentjeink közé tartozik. Munkássága egyre fényesebben ragyog az idő múlásával, magához vonzva a világ minden tájáról mindazokat, akik a Szellem zarándokútjára léptek."

India kormányának tisztelgése Paramahansza Jógananda előtt, halálának huszonötödik évfordulóján, az őt ábrázoló emlékbélyeg kibocsátása alkalmából

Paramahansza Jógananda 1893. január 5-én, Mukunda Lal Ghoshként látta meg a napvilágot a Himalája hegység lábánál fekvő Gorakhpur városában, India északi részén. Nagyon korán, egészen kis korától nyilvánvaló volt, hogy isteni sorsra hivatott. A hozzá legközelebb állók szerint már gyermekként is az átlagot messze meghaladó, mélységesen éber tudatossággal és spirituális tapasztalással bírt. Fiatal éveiben India számos bölcsét és szentjét felkereste abban a reményben, hogy rátalál egy megvilágosodott mesterre, aki útmutatást nyújthat lelki keresésében.

1910-ben, tizenhét évesen találkozott a nagy tiszteletnek örvendő Szvámi Srí Juktésvarral, és elszegődött mellé tanítványnak. A következő tíz év nagy részét ennek a hatalmas jógamesternek a rendházában töltötte, ahol Srí Juktésvar szigorú, de szeretetteljes tanításaiban részesült. Miután 1915-ben diplomát szerzett a Kalkuttai Egyetemen, hivatalos esküt tett India tiszteletreméltó rendje, a Szvámi Rend szerzeteseként, és ekkor kapta a Jógananda nevet, amelynek a jelentése „üdvösség" *(ánanda)* az Isteni egység révén *(jóga)*.

1917-ben egy helyes életre nevelő fiúiskola megalapításával fektette le Srí Jógananda életművének alapkövét; az iskolában jógagyakorlással és a spirituális eszményekre vonatkozó útmutatással ötvözték a modern oktatási módszereket. Három évre rá meghívták, hogy India küldöttjeként vegyen részt egy vallásos liberálisoknak szervezett nemzetközi kongresszuson Bostonban. A kongresszuson „A vallás tudománya" tárgykörében előadott beszéde lelkes fogadtatásra talált.

A rá következő néhány évben a keleti parton tartott előadásokat és szemináriumokat, majd 1924-ben a teljes kontinenst átszelő előadásturnéra indult. 1925-ben Los Angelesben két hónapos, szemináriumokkal tűzdelt előadássorozatot tartott. Ahogy mindenütt, beszédeit itt is érdeklődéssel és lelkes tetszésnyilvánítással fogadták. A The Los Angeles Times így számolt be az eseményről: „Döbbenetes látvány, amint ezrek veszik körül a Filharmonikusok hangversenytermét... akiket mind egy órával a meghirdetett előadás kezdete előtt küldtek el azzal, hogy a 3000 férőhelyes nagyterem legutolsó pótszéke is elkelt."

Srí Jógananda még ugyanebben az évben Los Angelesben állította fel a Self-Realization Fellowship nemzetközi központját. A társaságot abból a célból alapította 1920-ban, hogy terjesszék a jóga ősi tudományával és filozófiájával, valamint a meditáció időtálló módszereivel kapcsolatos tanításait.[1] A következő évtizedben rengeteget utazott; az országot járva tartott előadásokat a nagyobb városokban. Azok közül, akik a tanítványai lettek, sokan jelentős szerepet töltöttek be a tudomány, az üzlet és a művészetek területein. Itt sorolhatjuk fel többek között Luther Burbank kertészmérnököt; a Metropolitan Opera szopránénekesét, Amelita Galli-Curcit; Woodrow Wilson elnök lányát, Margaret Wilsont; a költő Edwin Markhamet; valamint Leopold Stokowski szimfonikus karmestert.

Egy tizennyolc hónapos európai és indiai turnét (1935-36)

---

1 A meditáció és az Istennel való egyesülés sajátságos, Paramahansza Jógananda által tanított módszerét Krijá-jóga néven ismerjük; a szent, spirituális tudomány gyökerei a több ezer évvel ezelőtti Indiában találhatók. Srí Jógananda Egy jógi önéletrajza című munkája általános betekintést nyújt a Krijá-jóga filozófiájába és módszereibe; a módszer technikáival kapcsolatos részletes útmutatásokat a Self-Realization Fellowship Lessonsben adjuk át azoknak a tanítványoknak, akik készen állnak rá.

követően Srí Jógananda csökkenteni kezdte nemzetközi nyilvános előadásai számát, hogy felépíthesse világméretű munkássága szilárd alapjait, és megírhassa a műveket, amelyek majd eljuttatják üzenetét a jövő generációihoz is. Élettörténete, az *Egy jógi önéletrajza* 1946-ban jelent meg. Az azóta is folyamatosan újabb és újabb kiadásokat megélő könyvet számos nyelvre lefordították; mára modern spirituális klasszikusként elismert mű lett.

A Paramahansza Jógananda által megkezdett spirituális és humanitárius munka napjainkban Chidananda testvér, a Self-Realization Fellowship, az indiai Yogoda Satsanga Society elnöke irányítása alatt folyik.[2] Paramahansza Jógananda könyveinek, előadásainak, egyéb írásainak és nem hivatalos beszédeinek – ideértve az otthoni tanulást elősegítő *Self-Realization Fellowship Lessons* átfogó sorozatát – kiadása mellett a társaság útmutatást nyújt az önmegismerés útját járó tagok számára Srí Jógananda tanításainak gyakorlásához, felügyel a világ számos pontján megtalálható templomokra, spirituális szálláshelyekre és meditációs központokra, valamint a Self-Realization Rend szerzetesi közösségeire. Mindemellett koordinálja a világot átfogó imakört, amely a gyógyulás eszközeként szolgál azok számára, akik fizikai, mentális vagy spirituális téren hiányt szenvednek, és elősegíti a népek közötti nagyobb összhang megteremtését.

1952-ben bekövetkezett halála óta Paramahansza Jóganandát korunk egyik igazi, nagy spirituális alakjaként ismerték el. Egyetemes tanításai és példamutató élete révén fajra, kulturális háttérre és felekezetre való tekintet nélkül segített az embereknek megismerni és a saját életükön keresztül még teljesebb módon kifejezni az emberi szellem szépségét és nemességét. Egy Srí Jógananda életéről és munkásságáról szóló cikkben Dr. Quincy Howe Jr., a Scripps Főiskola akkori összehasonlító valláselmélettel foglalkozó professzora így írt róla: „Paramahansza Jógananda nemcsak India örökérvényű, Isten felismerésére vonatkozó ígéretét

---

2 Paramahansza Jógananda munkája Indiában Yogoda Satsanga Society néven ismert.

hozta el a nyugatnak, hanem egy olyan gyakorlati módszert is, amelynek a segítségével a spirituális keresők, akármilyen életutat járjanak is be, gyorsan haladhatnak a céljuk felé. India spirituális öröksége, amelyet eredetileg csak egy igen emelkedett, elvont szinten értékeltek, most gyakorlati, megtapasztalható tudásként vált elérhetővé mindenki számára, aki nemcsak a túlvilágon, hanem már az itt és mostban meg akarja ismerni Istent. Jógananda az elmélkedés legemelkedettebb módszereit tette mindenki számára hozzáférhetővé."

PARAMAHANSZA JÓGANANDA:
EGY JÓGI AZ ÉLETBEN ÉS A HALÁLBAN

Paramahansza Jógananda *mahászamádhija* (egy jógi végső, tudatos kilépése testéből) 1952. március 7-én történt Los Angelesben, Kaliforniában, miután befejezte beszédét India egyesült államokbeli nagykövete, Bináj R. Szen tiszteletére adott díszvacsorán.

A nagy világtanító nemcsak életében, hanem halálában is bemutatta a jóga (az Isteni Önmegvalósítás tudományos technikája) értékét. Arca hetekkel távozása után változatlanul az elmúlhatatlanság isteni fényét sugározta.

Mr. Harry T. Rowe, a Los Angeles-i Forest Lawn Memorial Park (temető, ahol a nagy mester testét ideiglenesen elhelyezték) igazgatója közjegyző által hitelesített levelet küldött a Self-Realization Fellowship részére, amelyben az alábbi szemelvények olvashatók:

„Az a tény, hogy Paramahansza Jógananda holtteste az oszlásnak semmilyen látható jelét sem mutatja, praxisunk legrendkívülibb esetét jelenti... A testen a fizikai bomlás semmi jelét nem láttuk, még húsz nappal a halál bekövetkezése után sem... A bőr nem kezdett el penészedni, a testszövetek nem kezdtek el kiszáradni. Egy holttest ilyen tökéletes állapotban való fennmaradása a rendelkezésünkre álló temetkezési évkönyvek tanúságai szerint páratlan... A halottasház személyzete Jógananda átvételekor arra számított, hogy a holttesten oszlás jeleit fogják látni a koporsó üvegfedelén keresztül. A napok múlásával megdöbbenésünk egyre növekedett, amikor azt tapasztaltuk, hogy a testen semmilyen látható változás nem történt. Jógananda teste egyértelműen az állandóság egy különleges állapotában volt..."

„Testéből soha nem áradt bomlásra utaló szag... Jógananda kinézete március 27-én, mielőtt koporsójára helyeztük a bronz fedőt, ugyanaz volt, mint március 7-én. Március 27-én ugyanolyan frissen nézett ki, mint halálának estéjén. Március 27-én nem volt okunk azt mondani, hogy holtteste az oszlás bármely jelét magán hordozná. Ezért még egyszer kijelentjük, hogy Paramahansza Jógananda esete praxisunkban egyedülálló."

PARAMAHANSZA JÓGANANDA KRIJÁ-JÓGA TANÍTÁSAINAK EGYÉB FORRÁSAI

A Self-Realization Fellowship elkötelezetten és ingyen segíti a keresőket világszerte. Ha információra van szükséged éves előadássorozatainkkal és tanfolyamainkkal, a világ számos pontján megtalálható templomainkban és központjainkban működő meditációs és lelkesítő szolgálatainkkal, spirituális szálláshelyeink időpontjaival vagy bármely egyéb tevékenységünkkel kapcsolatban, látogass el a weboldalunkra vagy nemzetközi központunkba:

www.yogananda.org

Self-Realization Fellowship
3880 San Rafael Avenue
Los Angeles, CA 90065-3219
(323) 225-2471

A SELF-REALIZATION FELLOWSHIP
CÉLJAI ÉS TÖREKVÉSEI,

ahogyan azt az alapító, Paramahansza Jógananda megfogalmazta
Chidananda testvér, elnök

Ama tudományos technikákat terjeszteni a világon, amelyek segítségével személyesen, közvetlenül is megtapasztalhatjuk Istent. Azon igazság tanítása, miszerint az élet célja az, hogy erőfeszítéseinkkel az ember korlátozott erkölcsi tudatát Isten-tudattá nemesítsük. E célt követve Self-Realization templomokat emelünk világszerte az Istennel való egyesülés elérésére. Arra buzdítunk továbbá mindenkit, hogy házi szentélyeket állítson fel Istennek otthonában és a szívében.

Jézus mondásainak tükrében feltárni, milyen tökéletes harmóniában és egységben vannak az eredeti keresztény tanok Bhagaván Krishna eredeti jógatanításaival. Rámutatni, hogy az igazság eme alapelvei valamennyi valódi vallás közös tudományos alapját képezik.

Megvilágítani az egyetlen isteni utat, amelybe végül a valódi vallások összes ösvénye torkollik: a mindennapi, tudományos alapú és elmélyült meditációt Istenről.

Megszabadítani az embert szenvedéseinek hármas forrásától: a testi betegségektől, a szellem kiegyensúlyozatlanságától és a spirituális tudatlanságtól.

„Egyszerű életre és nemes gondolkodásra" buzdítani. Elterjeszteni az emberek között a testvériesség szellemét azáltal, hogy emlékeztetjük őket egységük örök alapjára: az Istenhez fűződő rokonságra.

Bebizonyítani az elme elsőbbségét a test, továbbá a lélekét az elme felett.

Jósággal győzni a gonoszságon, örömmel a bánaton, emberséggel a kegyetlenségen, bölcsességgel a tudatlanságon.

Egyesíteni a tudományt és a vallást, felismerve alapelveik mély belső közösségét.

Kulturális és spirituális megértésre törekedni Kelet és Nyugat között, hogy megosszák egymással legnemesebb ismertetőjegyeiket.

Az emberiséget szolgálni a magasabb Én nevében.

EGY JÓGI ÖNÉLETRAJZA

A közkedvelt önéletírás elbűvölő, érdekes képet fest a jelenkor egyik legnagyobb spirituális alakjáról. Megnyerő őszinteséget, ékesszólást és szellemes bölcsességet árasztó oldalakon meséli Paramahansza Jógananda élete lelkesítő történetét – figyelemre méltó gyerekkora tapasztalásait, fiatalkori találkozásait számos szenttel és bölccsel, miközben fáradhatatlanul kereste megvilágosodott tanítóját, tíz évnyi, remeteségben eltöltött gyakorlást és képzést nagytiszteletű jóga mestere mellett, majd azt a harminc évet, amelyet Amerikában, tanításait átadva töltött el. A könyvben olvashatjuk, hogyan találkozott Mahatma Gandhival, Rabindranath Tagoréval, Luther Burbank-kel, a katolikus stigmatizálttal, Therese Neumann-nal és a kelet és nyugat egyéb ünnepelt spirituális személyiségeivel.

Az *Egy jógi önéletrajza* egyszerre egy különleges élet szépséges leírása és mélységes bevezetés a jóga ősi tudományába és a meditáció réges-régi hagyományába. Az író világosan elmagyarázza azokat a finom, de határozott törvényeket, amelyek ott húzódnak mind a mindennapi élet közönséges eseményei, mind az általában csodának nevezett különleges történések hátterében. Magával ragadó élettörténete háttere előtt nyújtja át nekünk azt a tisztán kivehető és feledhetetlen, az emberi létezés végső titkait felfedő látványt, amelyet soha nem fogunk elfelejteni.

A modern spirituális klasszikusnak számító könyvet mostanáig több mint ötven nyelvre fordították le, és előszeretettel használják főiskolai és egyetemi jegyzetként és hivatkozási anyagként. Az első, több mint hetven évvel ezelőtti kiadása óta örökzöld sikerkönyv, az *Egy jógi önéletrajza* világszerte többmillió olvasó szívéhez ért el.

„Ritka értékes beszámoló." *The New York Times*

„Elbűvölő és világos magyarázatokkal ellátott tanulmány." *Newsweek*

„Soha korábban nem látott napvilágot angolul vagy más európai nyelven ehhez fogható leírás a jógáról." *Columbia University Press*

A SELF-REALIZATION FELLOWSHIP MAGYAR NYELVŰ KIADVÁNYAI

Kaphatóak a www.srfbooks.org weboldalán,
és más internetes könyvesboltokban

Egy Jógi Önéletrajza

Tudományos gyógyító megerősítések

A siker törvénye – Teremts Egységet,
Jólétet és Boldogságot a Szellem Erejével

A vallás tudománya

Így beszélhetünk Istennel

Hogyan élhetsz félelem nélkül?

PARAMAHANSZA JÓGANANDA KÖNYVEI ANGOLUL

Kaphatóak a www.srfbooks.org weboldalán, és más internetes
könyvesboltokban

Autobiography of a Yogi

God Talks With Arjuna: The Bhagavad Gita —
A New Translation and Commentary

The Second Coming of Christ:
The Resurrection of the Christ Within You —
A Revelatory Commentary on the Original Teachings of Jesus

The Yoga of the Bhagavad Gita

The Yoga of Jesus

DVD (Dokumentumfilm)

Awake: The Life of Yogananda
A CounterPoint Films gyártásában

A könyvek, hang és videófelvételek teljes katalógusa, mely magába foglalja Paramahansza Jógananda kivételes archív felvételeit, megtalálható a www.srfbooks.org oldalán.

Ingyenes ismertető csomag

A meditáció Paramahansza Jógananda által tanított tudományos technikáit, beleértve a Krija-jógát, és a kiegyensúlyozott spirituális élet összes aspektusára kiterjedő útmutatásait a Self Realization Fellowship Leckéi foglalják össze. A Leckéket bemutató ingyenes, teljes körű ismertető csomag a www.srflessons.org oldalán rendelhető meg.

Self-Realization Fellowship
3880 San Rafael Avenue - Los Angeles, CA 90065-3219
Tel (323) 225-2471 • Fax (323) 225-5088

www.yogananda.org